Martin Blümcke

Schlösser in
Oberschwaben

Schloss Zeil: Brunnen im Innenhof

Helfenstein
com

Elsebrig Ging-Burg Leipheim

Kneringen

Blaubeuren Seflingen Vlm Burgau Zusmar

Schelkringen Weiblingen Billenhausen

Dischburg Steyfelingen Weissenborn Burtenbach

Ebingen Heybach Kirchheim

V Tussen Angelberg

Baltringen Schöneck

I **A**

Boberach Munebrot Mindelheim

Feder See Boos

Buchau Haslach Memmingen Vrsin

Malstetten Ottenbeuren Kai

Dietman Irsee

Waltsee Rottenstein

Wurtzach Rotles Rotenstein Altheim

Haldewangen Gerle

Leutkirch Beri

Hobethan Kempten

Rattensburg Roshaubt

Isne

Wangen Immenstatt

Lindaw

Martin Blümcke

Schlösser in Oberschwaben

Geschichte und Geschichten

Mit Fotografien von
Winfried Aßfalg
und Luftaufnahmen von
Siegfried Geyer

Silberburg·Verlag

Der Autor:
Martin Blümcke, geboren 1935, studierte
in Tübingen Germanistik, Volkskunde
und Geschichte mit Schwerpunkt Landesgeschichte. Er arbeitete ab 1966 als Hörfunk-
redakteur beim Süddeutschen Rundfunk
in Stuttgart, wo er von 1970 bis 1998 die
Redaktion »Land und Leute« leitete. Er ist
Ehrenvorsitzender des Schwäbischen Heimat-
bundes und war bis 2005 Herausgeber der
landeskundlichen Zeitschrift »Schwäbische
Heimat«. Blümcke ist Autor und Herausgeber
zahlreicher Bücher zu Baden-Württemberg.
Er wohnt in Laufenburg (Baden).

1. Auflage 2008

© 2008 by Silberburg-Verlag GmbH,
Schönbuchstraße 48, D-72074 Tübingen.
Alle Rechte vorbehalten.
Umschlaggestaltung:
Anette Wenzel, Tübingen,
unter Verwendung einer Fotografie
von Winfried Aßfalg.
Druck: Gulde-Druck, Tübingen
Printed in Germany.

ISBN 978-3-87407-692-0

Besuchen Sie uns im Internet
und entdecken Sie die Vielfalt
unseres Verlagsprogramms:
www.silberburg.de

Einbandvorderseite:
Blick durch das Tor des Vorhofs zum
Südportal von Schloss Zeil
Einbandrückseite:
Innenhof von Schloss Mittelbiberach
Vorderes Vorsatzpapier:
Ausschnitt aus der Karte Schwabens
von Matthäus Merian, 1643

Bildnachweis:
Wolfgang Buck: S. 65 links, 69, 70, 101,
136, 151, 154
Archiv Silberburg-Verlag: S. 60, 85,
127, 130 oben
Archiv Martin Blümcke: S. 17, 51, 97
Rainer Fieselmann: S. 29 beide, 46, 138
Katharina Hild: S. 13, 15
Rupert Leser: S. 89, 103
Martin Klaus: S. 35
Manfred Thierer: S. 2
Siegfried Geyer: alle Luftaufnahmen
(außer S. 142)
Winfried Aßfalg: alle anderen Fotografien

Inhaltsverzeichnis

Grußwort

Schlösser und Klöster bestimmen das Bild Oberschwabens. Die vergangenen Jahrhunderte haben uns ein reiches kulturelles Erbe hinterlassen, das auf die Kleinräumigkeit dieser Gegend zwischen Donau und Bodensee vor der Säkularisation und Mediatisierung zurückgeht. Da jede Herrschaft mit der anderen mithalten wollte, musste das Schloss oder Kloster mindestens ihrem Rang und Stand entsprechen. Auf diese Weise entstanden in allen Epochen architektonische und künstlerische Meisterwerke.

Wenn Adelsfamilien als Erbauer und Besitzer von Schlössern auftraten, dann dienten diese Schlösser als Wohnsitz, als Mittelpunkt der Familie und als repräsentativer Sitz der Herrschaft. Deshalb wandten diese Familien hohe Geldmittel auf, um ihr Schloss zu erhalten. Das ist bis heute so geblieben. Insofern kann der Adel auf einen erheblichen Beitrag zur Erhaltung unseres kulturellen Erbes in Oberschwaben verweisen. Als Chef des Hauses Württemberg und als Schlossbesitzer weiß ich um die Faszination, aber auch um die Belastungen eines Schlossgebäudes. Deshalb freue ich mich, dass mit diesem Werk die oberschwäbische Schlösserlandschaft erneut in das Bewusstsein der Öffentlichkeit gebracht wird.

Martin Blümcke stellt in seinem Buch bekannte und weniger bekannte Schlösser in unserer heimatlichen Gegend vor. Durch die Verbindung von Bild und Text erhalten die Leserinnen und Leser die Möglichkeit, sich rasch und eingehend über die Geschichte des jeweiligen Schlosses zu informieren. Sie werden überrascht sein von der Vielfalt der Baustile, der Architektur und der künstlerischen Gestaltung. Standen bisher eher die barocken Klosteranlagen im Zentrum des Interesses, so setzt der Verfasser mit seinem Buch einen wichtigen Kontrapunkt und lässt die historische Tradition in Oberschwaben in ihrer ganzen Breite lebendig werden.

Deshalb wünsche ich diesem Buch viele interessierte Leserinnen und Leser.

CARL HERZOG
VON WÜRTTEMBERG

Der Landschaftsbegriff Oberschwaben war früher umfassender, er bezog auch das bayrische Schwaben zwischen Donau und Alpen wie das Gebiet in Richtung Baar mit ein. Seit gut 200 Jahren ist er auf den württembergischen Streifen von der Donau bis zum Bodensee reduziert, im Osten genau vom Lauf der Iller begrenzt. So auch in diesem Überblick, wobei allerdings Hohenzollern an der jungen Donau angefügt ist.

Das heutige Oberschwaben war bis zum Ende des alten deutschen Reichs eine Trias: die reichsunmittelbaren Klöster wie die Reichsabteien Weingarten und Ochsenhausen, Schussenried oder Wiblingen, dann die Reichsstädte wie Ulm und Biberach, Ravensburg oder Leutkirch und nicht zuletzt der

Adel. Die reichsunmittelbaren Fürsten von Waldburg und die Grafen von Königseggwald waren ebenso in die Reichskirche und in das Herrschaftssystem des Hauses Habsburg-Österreich eingebunden wie die vielen, oft von ihnen als Lehensempfänger abhängigen Freiherren, die sich in Ritterkantonen zusammengeschlossen hatten. Der Ritterkanton Donau hatte seinen Sitz in Ehingen. Jedes Schloss ist Wohnsitz, Gedächtnis und Familienmittelpunkt eines adeligen Geschlechts, das bis 1806, bis zur Auflösung des heiligen römischen Reichs deutscher Nation über ein bestimmtes Gebiet und seine Untertanen Herrschaft ausübte. An der Größe und Ausstattung des Herrensitzes konnte und kann man das Macht- und Selbstbewusstsein ablesen, das 1806 mit der Mediatisierung, mit der Unterwerfung unter die Krone Württembergs, einen schweren Schlag erleiden musste.

In diesem Buch werden 26 Schlösser vorgestellt. Das ist, es sei zugegeben, eine Auswahl, es hätten auch doppelt so viele sein können. Mit Ausnahme von Mochental und Friedrichshafen sind die Klosterbauten, die im 19. Jahrhundert Schlösser genannt werden, nicht aufgenommen. Ein erstaunliches Faktum verdeutlicht die Kraft und den Willen der Adelsfamilien, ihr Zentrum zu bewahren: Jedes zweite Schloss ist bis heute in Privatbesitz.

Auf einem Felsen an der Donau baut sich die lang gestreckte Westfront des Sigmaringer Schlosses auf.

*D*ie Donau hat zwischen Tuttlingen und Sigmaringen eine großartige Tallandschaft gebildet. Bei Inzigkofen endet der Wechsel von Waldhängen und graublauen Felsenwänden, und wenig später setzt Schloss Sigmaringen auf einem circa 50 Meter hohen Weißjurafelsen den grandiosen Schlusspunkt. Auf dem langgestreckten Plateau, das fast überall steil abfällt, erhebt sich ein vielgestaltiges, repräsentatives Bauwerk mit Giebeln und Türmchen, fast in der Mitte ein stattlicher Turm mit Spitzhelm: das Schloss der Fürsten Hohenzollern.

Im Jahr 1061 werden erstmals Grafen genannt, die sich nach dem Zollern nennen, ihrem Burgberg bei Hechingen. 1192 übertragen die Staufer Graf Friedrich III. die Burggrafschaft Nürnberg, ungefähr 20 Jahre später kommt es zu einer Erbteilung, zu einer Aufteilung in einen fränkischen und in einen schwäbischen Zweig. Die Nürnberger Hohenzollern werden 1415 mit der Markgrafschaft Brandenburg belehnt und steigen in das Gremium der sieben Kurfürsten auf. Die weitere Geschichte in Stichworten: 1701 Könige in Preußen, später von Preußen, seit 1871 Kaiser von Deutschland.

Der schwäbische Zweig der Grafen von Zollern besitzt seine Herrschaften am oberen Neckar, im Albvorland – Haigerloch und Hechingen –, auf der Alb und in Oberschwaben: Sigmaringen. Graf Karl I. vereinigt den gesam-

Die Front des Hohenzollern-Schlosses zur Stadt hin zeigt Bauteile aus vielen verschiedenen Jahrhunderten.

ten Besitz und erwirbt 1535 – nach dem Aussterben der Grafen von Werdenberg – durch Belehnung des Kaisers die Grafschaften Sigmaringen und Veringen. Vor seinem Tod 1576 teilt er unter seinen drei Söhnen, die sich in Haigerloch, Hechingen und Sigmaringen ihre Residenzen schaffen.

Im Jahr 1623 erhebt Kaiser Ferdinand die Hohenzollern in Regensburg in den Stand der Reichsfürsten, eine

Die Pfarrkirche Sankt Johann, links dahinter das Museumsgebäude und daneben die lang gezogene Baumasse des Schlosses Sigmaringen

der frühesten Rangerhöhungen dieser Art in Süddeutschland. Er dankt ihnen damit zu Beginn des Dreißigjährigen Kriegs ihren Einsatz für die katholische Partei. In der napoleonischen Zeit erlangt Fürst Anton Alois von Hohenzollern-Sigmaringen die volle Souveränität über ein auf 30 000 Einwohner verdoppeltes Land. Durch die Revolution von 1848 erkennen die Fürsten in Hechingen und Sigmaringen, dass ihr Kleinstaat nicht mehr patriarchalisch zu regieren ist und geben 1850 ihre Herrschaft an die Vettern in Berlin ab. Nachdem die Hechinger Linie ausgestorben ist, nennen sich die Sigmaringer seit 1869 nur noch Fürsten von Hohenzollern.

Die Burg Sigmaringen gehört – 1077 erstmals belegt – zu den ältesten Burgen des Landes und das Schloss ist zugleich sicher das jüngste im Süd-

festigung geschaffen werden. Die ursprüngliche Anlage bestand aus Palas, Küchenbau, Bergfried und einer Ummauerung. Die dicken Außenmauern des Palas stecken in dem Bau, an der Nordseite hat sich ein mittelalterlicher Bogenfries erhalten. Der Turm in der Mitte ist gut fundamentiert, denn der Bergfried aus der zweiten Hälfte des 12. Jahrhunderts weist nach Westen drei und sonst rund 2,5 Meter Stärke auf, bei einem Grundriss von 8,23 auf 8,34 Meter. Nach außen hin sind gewaltige, unregelmäßige Buckelquader mit Randbeschlag aufgetürmt, die im 17. Jahrhundert überbaut worden sind. Der einstige Einstieg in diese letzte Befestigung war in acht Meter Höhe. Das Tor neben dem Turm zeigt einen steilen Rundbogen und im höher gelegenen Burghof hat man 1902 beim Neubau der Portugiesischen Galerie eine Mauer aus schön gefügten Buckelquadern entdeckt.

Vor 1280 kauft der erste Habsburger auf dem deutschen Königsthron, Rudolf I., Stadt und Herrschaft Sigmaringen. Vor 1325 wird alles an die Grafen von Württemberg verpfändet, die diesen strategisch wichtigen Platz 1399 an Graf Eberhard von Werdenberg weitergeben. Diese Grafen werden 1460 von Kaiser Friedrich III. mit Sigmaringen belehnt und die Werdenberger formen aus der Burg ein spätmittelalterliches Schloss, das wohl so ausgesehen hat wie ihr Parallelbau in Trochtelfingen auf der Alb. Auf dem östlichen Plateau errichten sie zwei Wohnbauten mit Steingiebeln. Der vordere Bau überdeckt halb den alten Palas; an ihn erinnert ein Türsturz von 1498, der

westen, wenn man an die letzte und bestimmende Aus- und Umbauphase um 1900 denkt. Anders formuliert: An dem heute so kompakten Bau ist in neun Jahrhunderten geformt und umgestaltet worden.

Die Lage ist für eine Burg ideal: auf drei Seiten steil abfallende Hänge. Nur nach Süden hin, wo sich seit jeher der Zugang befindet, musste der Felsen abgespitzt und eine künstliche Be-

später am Schwedischen Treppenturm eingesetzt wurde. Der zweite Trakt war schräg versetzt, sodass ein kleiner spitzwinkliger Hof geschaffen war. Zugleich wird die Anlage nach Süden vergrößert und durch zwei starke runde Türme gesichert, die unten Schießscharten aufweisen. Über dem Portal unter einem flachen Bogen die Sühnetafel des Grafen Felix von Werdenberg, die sich auf einen Meuchelmord an einem Standesgenossen im Jahr 1511 bezieht (Näheres im Kapitel Scheer unter Graf Andreas von Sonnenberg).

1535 wird Graf Karl I. von Zollern von Habsburg mit der Grafschaft Sigmaringen belehnt und damit neuer Schlossherr. Er lässt die Burgeinfahrt zwischen den Westtürmen überwölben und den Wehrgang bis zum Hauptturm schaffen. Sein Enkel Johann, der erste Reichsfürst, amtiert als Obristhofmeister des bayerischen Kurfürsten und bringt 1627 den Renaissancebaumeister Hans Albertal aus Dillingen nach Sigmaringen. Er schafft den zweigeschossigen Aufbau über den Gewölben zwischen den Westtürmen und dem Hauptturm. Er erneuert den Treppenturm zu den fürstlichen Zimmern und baut einen weiteren Turm, der heute Böhmischer Turm heißt. Nach Süden hin werden Mauer und Gewölbe neu aufgeführt, die heutige Waffenhalle. Sie birgt eine der größten privaten Waffensammlungen in Europa.

Kaum ist das alles fertig, da besetzen 1632 die Schweden, die siegreich nach Süden vordringen, das Schloss. Sie werden von den Kaiserlichen vertrieben, doch im März 1633 sind sie wie-

der da und legen das Schloss in Schutt und Asche. Mit dem Wiederaufbau 1658/59 beauftragt Fürst Meinrad I. den Vorarlberger Baumeister Michael Beer; er vereint im Osten die werdenbergischen Giebelbauten unter einem großen Dach und fügt in der Südostecke den Fruchtkasten an. Sein zwei-

Fürst Karl Anton ließ den barocken Rittersaal zum Ahnensaal mit 26 Porträts umformen.

geschossiger Westtrakt mit dem Stuck in einfachen Rechteckformen ist bis heute erhalten.

Der baufreudige Fürst Joseph (1715–1769) lässt seine Residenz barock umgestalten. Im Josephshaus, den zwei Geschossen über den Tortürmen bis zum Mittelturm, entstehen mit Stuck und Ausmalung schöne Gemächer. 1736 wird der Rittersaal, heute Ahnensaal, zeitgemäß gestaltet, dessen schadhafte Decke 1878 abgeschlagen wird. Den Badischen Salon ziert elegantes Bandelwerk, und im Jagdzimmer umfasst ein Ölbild von 1753 den ganzen Raum, das eine Hofjagd mit

An der Donauseite vereinigen sich Felsgestein und Schlossbau; man erkennt den mittelalterlichen Bogenfries.

geschaffen: Burggraf Friedrich von Zollern überbringt 1273 Graf Rudolf von Habsburg die Nachricht, dass er zum deutschen König gewählt ist. Ein Bild und ein Programm: Habsburger und Hohenzollern gehören zusammen.

Fürst Karl Anton (1848–1885), der nach den Unruhen von 1848 sein Ländchen an die Vettern in Berlin abgetreten hat, macht im preußischen Staats- und Militärdienst Karriere und zieht sich dann in sein heimatliches Schloss zurück, wo er zahlreiche Königs- und Kaiserbesuche empfängt. Er baut Schloss Sigmaringen prachtvoll aus, vor allem die Säle werden künstlerisch in der Nachahmung unterschiedlicher Stile neu gestaltet, eklektizistisch eben.

1872 formt der Pariser Architekt M. Lambert im Louis-seize-Stil den Speisesaal zum Französischen Salon um, in dem die Decke duftig ausgemalt wird. Im Königszimmer kommt unter dem Stuck eine altertümliche Holzkassettendecke hervor. Fünf Jahre später wird dem Turm die welsche Haube abgenommen, das Viereck wird erhöht und ein spitzer Helm vom Hofbaumeister Josef Laur aufgesetzt, der die neugotische Formensprache bevorzugt. Der Aufbau ist nötig geworden, um ein höher gelegenes Wasserreservoir zu installieren.

Die letzte Baumaßnahme von Karl Anton ist die Umgestaltung des barocken Rittersaals in den heutigen Ahnensaal mit seinen 26 Ahnenbildern – zwischen den Kandelabern angebracht – an den Wänden. Der Stuttgarter Stuckateur Roddo und seine malenden Kollegen Madaus und Lesker

Fürstenstand und die Fuchsjagd der Damen wiedergibt.

Den Besuchern des Schlosses wird die Welt des Barocks sichtbar und deutlich in vier lebensgroßen, reichbewegten Rittergestalten, die unter dem großen offenen Bogen beim Aufgang zum Josephsbau auf Konsolen stehen: Meisterwerke des Hofbildhauers Johann Josef Christian aus Riedlingen, um 1735 geformt. Unter dem hohen Bogen des Westportals hat der Sigmaringer Meinrad von Ow die hohenzollerischen Wappen und ein Ölbild

Im Inneren des Galeriebaus werden wertvolle Exponate in prächtigen Räumen präsentiert.

schmücken den Raum aus. Das allegorische Deckengemälde zeigt Uranos, Abundantia, Mars und Concordia; die rosenspendende Aurora ist umgeben von den Genien des Handels und der Schifffahrt. Deutlich sichtbar auch der Wahlspruch des Hauses Hohenzollern: Nihil sine Deo, Nichts ohne Gott.

Am Rande des Schlosses, mit diesem durch große Spitzbögen samt Treppenturm verbunden, hat Fürst Karl Anton mit dem Galeriebau einen unvergleichlich schönen, einen stimmigen, in sich geschlossenen neugotischen Trakt aus Tuffsteinquadern geschaffen, 1862 bis 1867 nach Entwürfen des Düsseldorfer Baurats Karl Albert Krüger von Josef Laur hergestellt. Staffelgiebel im Westen und Osten, hohe dreiteilige Fenster an den Längsseiten, im Innern eine dreischiffige neugotische Halle mit einer reich gestalteten Holzdecke, die auf acht schlanken Pfeilern ruht. Dieser Galeriebau dient als Museum für die Sammlungen des Fürsten. Heute werden oberdeutsche Bilder und Plastiken aus dem späten Mittelalter und der Frühen Neuzeit gezeigt sowie Funde aus der Vor- und Frühgeschichte, darunter der goldene Helm von Gammertingen,

Über dem Schlossportal eine spätgotische Sühnetafel und oberhalb davon ein Wappen samt Fürstenhut aus der Barockzeit

den einmal ein alamannischer Krieger getragen hat.

Der 17. April 1893 ist ein Unglückstag für das Schloss Sigmaringen, denn der östliche Flügel mit den werdenbergischen Bauten brennt bis zum Französischen Saal völlig aus; der Saal kann mit Mühe und Not gerettet werden. Dieser Brand ist offenkundig bei Lötarbeiten durch eine umgefallene Benzinflasche entstanden, als man im Schloss elektrische Leitungen verlegt, um das Brandrisiko zu mindern. Neben der Feuerwehr haben Schlossbedienstete und zahlreiche Einwohner der Stadt sich bemüht, möglichst viel an Inventar und Kunstgegenständen zu retten. Unversehrt blieben die Waffenhalle, der Festsaal auf der Terrasse, der Ahnensaal und die Kapelle. Tage nach dem Brand stürzt noch ein turmhoher Kamin zusammen und durchschlägt das Gewölbe der Schlosskapelle.

Mit dem Aufbau wird Hofbaurat Johann de Pay beauftragt, und gut zwei Jahre später kann Richtfest gefeiert werden. Nachdem de Pay 1899 gestorben ist, holt Fürst Leopold für den weiteren Außen- und Innenausbau den Münchner Architekten und Professor Emanuel von Seidl, der sich spielerisch verschiedener Stile bedient und quasi einen Neubau schafft.

Im Innenhof entstehen zwei achteckige Treppentürme, der Böhmische und der Schwedische. Der Giebel an der Südseite wird erneuert, der östliche, am höchsten gelegene Teil erhält ein Querdach und auf drei Seiten stattliche Fassadengiebel im Renaissancestil. 1902 kann der Innenausbau beginnen. Aus dem Terrassensaal wird die Portugiesische Galerie – die Hohenzollern waren durch Heiraten damals eng mit dem portugiesischen Königshaus verbunden. Die Galerie schließt den früher offenen Schlosshof und verkleinert ihn. Im Saalinnern verbinden sich Elemente der Renaissance und des Jugendstils. An der Wand reihen sich die flandrischen Gobelins eines Pieter van Aelst.

In der Eingangshalle des Ostflügels finden wir romanisierende Türgewände und gotisierende Balustraden sowie spätmittelalterliche Ritterrüstungen. Die anliegende Schlosskapelle weist auf der Decke ein neugotisches Gemälde auf, die Glasfenster stammen aus dem frühen und der Schnitzaltar aus dem späten 15. Jahrhundert. In den Josephinen-Gemächern, im Blauen und Roten Salon, die Bildnisse der fürstlichen Familie, so von Fürstin Josephine und ihrem Gemahl Karl Anton und ihren Kindern. Im Roten Salon hervorragende Porträts des 16. Jahrhunderts, so Graf Eitel Friedrich III., Graf Karl I. und seine angetraute Anna von Baden. Hier wie im Schwarzen Salon beherrschen starke Farbkontraste in Gold, Rot und Schwarz die Ausgestaltung mit vergoldetem Wandfries, Kaminaufsatz und farbenfroher Decke. Im Schwarzen Salon eine stuckierte, mit Graphit bemalte Kassettendecke; die Wände sind mit Genueser Samt bespannt, dazu venezianische Spiegel und vergoldete Säulen.

Schloss Sigmaringen wird nur noch zum Teil von der fürstlichen Familie bewohnt, es wird bei Führungen weitgehend als museale Einrichtung gezeigt und dient ab und zu als Veranstaltungsort. Das war im Spätsommer 1944 noch anders, als die Gestapo erschien und das Anwesen beschlagnahmte und zu exterritorialem Gebiet erklärte. Hitler und seine Getreuen hatten nämlich beschlossen, die Vichy-Regierung, die das südöstliche Frankreich unter deutscher Kontrolle verwalten durfte, von Baden-Baden nach Sigmaringen zu verlegen, nachdem die Alliierten Paris besetzt und wieder zur französischen Hauptstadt gemacht hatten. Fürst Friedrich und seine Familie wurden erst im Schloss Langenstein bei Stockach, dann im Schloss der Schen-

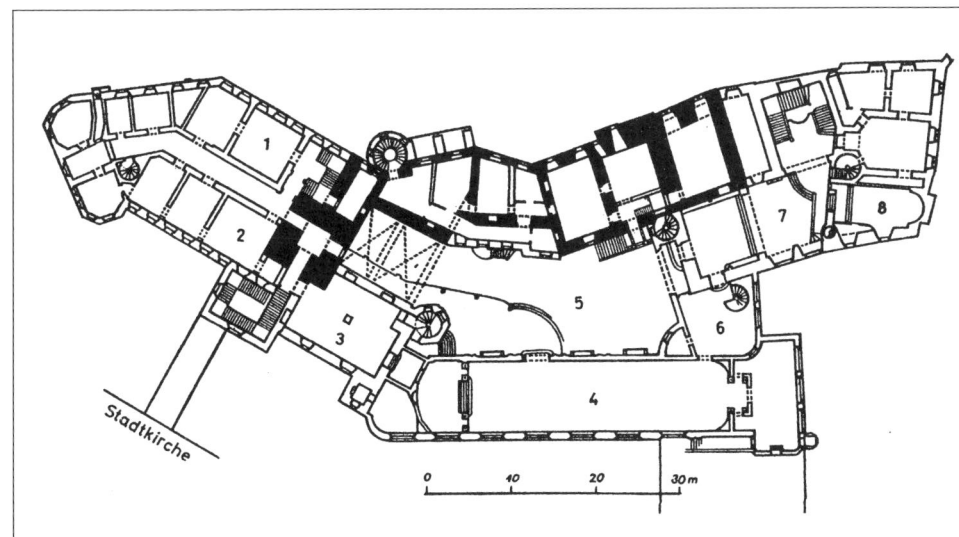

Niveau des Schlosshofs: 1 Jagdzimmer, 2 Werdenberger Zimmer, 3 Altdeutscher Saal, 4 Portugiesische Galerie, 5 Schlosshof, 6 Hubertushalle, 7 Eingangshalle, 8 Kapelle

Denkmal für Fürst Karl Anton von Hohenzollern vor seinem Schloss

das Schloss und andere Gebäude. Etwa 40 Personen wohnten in den noblen Gemächern des Schlosses und wurden von ebenso vielen deutschen Bediensteten versorgt, wobei man auch das fürstliche Silber und Porzellan verwendete.

Bewacht wurde das Anwesen von französischer Miliz, denn mit der Regierung waren auch Militär und Beamte in die Kleinstadt an der Donau gekommen, deren Einwohnerzahl von 5600 auf über 7000 anwuchs. Im Schloss fanden regelmäßig Kabinettssitzungen statt, eine Exilzeitung »La France« erschien und ein Radiosender »Ici La France« verbreitete Durchhalteparolen. Es gab eine deutsche Botschaft, der japanische Botschafter residierte in einer Brauereigaststätte und der Vertreter des Mussolini-Italien war in einem Altersheim untergekommen.

Am 20. April 1945 endete diese Episode der Geschichte, als Panzer der 1. französischen Armee in Sigmaringen einrollten. Wer konnte, war nach Süden in die angebliche Alpenfestung geflohen. Marschall Pétain war in die Schweiz geflüchtet und hatte sich danach seinen Landsleuten gestellt. In einem Gerichtsverfahren wurden alle Regierungsmitglieder zum Tode verurteilt und hingerichtet. General Charles de Gaulle begnadigte nur den greisen Marschall zu lebenslänglicher Festungshaft.

Bis heute besuchen immer wieder Franzosen Sigmaringen und das Schloss und suchen nach Erinnerungen an die sieben Monate, während der sich hier eine französische Exilregierung als Marionette der Nationalsozialisten halten konnte.

ken von Stauffenberg in Wilflingen untergebracht.

Am 7. September 1944 kamen Marschall Philippe Pétain, der mittlerweile 88 Jahre alte Verteidiger von Verdun, und sein Premierminister Pierre Laval als Exponenten der französischen Exilregierung, die mit den Nationalsozialisten kollaborierte, samt ihrem Tross in Sigmaringen an und bezogen

Wer zwischen Sigmaringen und Riedlingen nicht die Bundesstraße im Donautal fährt, sondern sich in den maßvollen Ausläufern der Schwäbischen Alb einen Weg über die Dörfer wählt, der wird auch durch Wilflingen kommen. Und er wird in dem kleinen Ort in der Talwanne des Holzbachs nicht nur die üblichen Häuser, Betriebe und Höfe finden, sondern auch heute noch etwas vom baulichen Gepräge einer niederadeligen Herrschaft registrieren, einer ehemaligen Ritterherrschaft.

Das massige Schloss mit seinen vier runden Ecktürmen und den markant bemalten Fensterläden bestimmt das Unterdorf. Nach Süden ist es über einen Wirtschaftsbau mit der barocken Kirche, deren Zwiebelhaube die

Die Pfarrkirche Sankt Johann Nepomuk und das Schloss der Schenken von Stauffenberg.
Die Ecktürme und der Nordflügel wurden im 16. Jahrhundert angebaut.

Treppenaufgang im Wilflinger Schloss mit der frühbarocken Figur des Herkules

erst der Herren von Hornstein-Schatzberg. 1438 kauft Dorf und Herrschaft der württembergische Landhofmeister Hans Truchsess von Bichishausen. Seine Tochter Barbara heiratet um 1454 Ritter Wernher Schenk von Stauffenberg, ein Geschlecht, das im Hochmittelalter das Schenkenamt der Grafen von Zollern innehatte. 1538 können die Stauffenbergs noch das nahe Dorf Egelfingen und den Burgstall Schatzberg erwerben. Damit ist die Ritterschaft geformt, die bis 1806 reichsunmittelbar war und zum Ritterkanton Donau gehörte. Die Grafen von Zollern-Sigmaringen, die im heutigen Gemeindehauptort Langenenslingen ein Schloss – jetzt das Rathaus – besaßen, versuchten die Hochgerichtsbarkeit zu erlangen, einigten sich aber 1582 im Riedlinger Vertrag mit den Schenken von Stauffenberg, dass diese im Schloss und innerhalb des Etters Herr über Leben und Tod blieben.

Die Ortsherren verwalten und mehren ihren Besitz und werden 1698 in den Rang von Reichsfreiherren erhoben. Zugleich zeichnen sie sich in allen Generationen – bis zum heutigen Schlossbesitzer Franz Freiherr Schenk von Stauffenberg – durch Stiftungen, mildtätige Werke und Mäzenatentum aus, nicht zuletzt zum Besten der Einwohner von Wilflingen. Durch Kauf und Heirat können sie zahlreiche Herrschaften angliedern: Rißtissen – der dortige barocke Schlossneubau wird 1782 um ein drittes Stockwerk erhöht sowie innen und außen frühklassizistisch überformt und gehört einem Verwandten der Wilflinger Freiherren – ferner Lautlingen und Margrethausen

Dächer überragt, und mit dem Pfarrhaus verbunden. Mit seinem Ostgiebel tritt das Schloss nahe an die Straße, abgegrenzt durch eine hohe Mauer, die auch den Schlosspark umzieht, der schwäbisch einfach Brunnengärtle genannt wird. Auf der anderen Straßenseite steht der barocke Walmdachbau des freiherrlichen Rentamts oder Forsthauses. Weitere Walmdachbauten sind das »Lehrerhaus« und im Oberdorf das Gasthaus »Zum Löwen«. Allesamt ausgebaut oder entstanden auf Veranlassung von Johann Freiherr Schenk von Stauffenberg (1658 bis 1740), Fürstbischof von Konstanz und Augsburg.

Im 14. Jahrhundert gelangt Wilflingen in den Besitz des Niederadels, zu-

Blick in die Bibliothek von Ernst Jünger im Alten Forsthaus mit Lehnsessel und Schreibtisch.

bei Ebingen, Baisingen bei Rottenburg, Geislingen bei Balingen und im heutigen Bayern Eberstall und Jettingen. Zwei Jahre nach der Französischen Revolution gelangt Damian Hugo Schenk von Stauffenberg sogar in den Stand eines Reichsgrafen. Mit dem Tod des Grafen Clemens Wenzeslaus endet dann 1833 diese Wilflinger Linie des Hauses Stauffenberg. Aufgrund von Familienverträgen folgen die freiherrlichen Schenken von Stauffenberg, die in Amerdingen unweit von Nördlingen ihren Sitz hatten und noch haben.

Die Stauffenbergs verdingen sich als Militärs, sie suchen den Dienst bei katholischen Landesherren und gehören zur Elite des schwäbisch-rheinischen Stiftsadels, der in der Reichs-kirche Domherren, Generalvikare und Bischöfe stellen durfte. So steigt der bereits genannte Johann Franz zum Fürstbischof von Konstanz und Augsburg auf. Diese einflussreiche und eindrucksvolle Persönlichkeit lässt auch den Stammsitz so umbauen und ausbauen, wie er sich heute präsentiert, auch wenn im Inneren die nachfolgenden Generationen ihre Möbel, Gemälde, Kleinkunst und sonstige Ausstattungsstücke hinzugefügt haben. Führend ist dabei wohl sein Architekt Christoph Gessinger tätig, der aus dem Isnyer Georgskloster stammende Bruder, der auch in Tettnang geplant hat.

Für das Jahr 1438 ist eine Burg in Wilflingen belegt. Wann der Haupttrakt, ein dreigeschossiges Giebelhaus mit seinem hohen Satteldach, das noch einmal drei Stockwerke zählt, wann dieser Teil errichtet wurde, ist nicht genau festzumachen. Im späten 16. Jahrhundert werden dann der Nordflügel mit dem niedrigeren Dach und die vier Türme angebaut. 1699 erhält der Vorarlberger Johann Beer den Auftrag, einen Teil des Schlosses abzubrechen und vermutlich neu aufzuschichten. Seit 1710 ist der Vorarlberger Maurermeister Hans Kaspar Hügler hier tätig.

Seit dieser Zeit lässt Fürstbischof Johann Franz dann auch das Innere seines Schlosses im Stil der Zeit umgestalten. Das Treppenhaus hat sich Christoph Gessinger ausgedacht. Es zieht sich an der Ostseite durch alle drei Geschosse und öffnet sich in jedem Stockwerk mit einer dreiteiligen Bogenanlage zu großzügigen Vorplätzen.

Im Erdgeschoss tragen mächtige runde Pfeiler ein Kreuzgewölbe, das älter sein wird. Wo früher Pferde standen, ist seit gut hundert Jahren die Bibliothek untergebracht. Im zweiten Obergeschoss liegen die privaten Räume der freiherrlichen Familie, hier weisen der Saal und die Wohnräume reiche Stuckdecken auf. Im Saal zeigt ein Ovalrelief »Jupiter mit Göttern«, in den Ecken der Decke entdecken wir Reliefs mythologischen Inhalts und Dekorationen mit Trophäen, den Kamin ziert eine Kartusche. Dazu gehören prächtige Eisenöfen von 1562 und 1712 zur Ausstattung.

Wer hat diese erlesenen Stuckaturen gefertigt? Vermutlich ein oberitalienischer Künstler, der in der Mannschaft von Giuseppe Donato Frisoni damals im Ludwigsburger Schloss tätig war. Dafür spricht die überschlanke Gestrecktheit der Figuren, das geringe plastische Volumen, die manieristische Einbeinigkeit und das elegante Schweben der Gestalten. Die beiden Westzimmer mit Reliefs der Jagdgöttin Diana werden einem Mitarbeiter von Diego Francesco Carlone in Ludwigsburg zugeschrieben.

Wie in fast allen, auch kleinen Residenzen in Oberschwaben sind Schloss sowie Pfarr- und Patronatskirche mit einem Brückengang verbunden. Sankt Johann Nepomuk wurde seit 1727 nach Plänen von Christoph Gessinger errichtet: saalartiges, flach gedecktes Schiff mit eingezogenem Chor, mit Volutengiebel, Satteldach und Turm mit Zwiebelhaube. Im Innern drei barocke Altäre und eine Kanzel aus Stuckmarmor. An der Ausgestaltung waren unter anderem beteiligt der Riedlinger Franz Joseph Christian der Ältere und sein gleichnamiger Sohn sowie der Augsburger Stuckateur Johann Michael Feuchtmayer (Tabernakel). Auf einem der Seitenaltäre eine wertvolle spätgotische Pietà aus der Zeit um 1430.

Einer der führenden Köpfe beim Attentat auf Hitler am 20. Juli 1944 war Claus Graf Schenk von Stauffenberg, dessen Vorfahr 1874 vom bayerischen König in den Rang eines Grafen erhoben worden war. Durch den Anschlag auf den Führer kam die ganze Familie der Stauffenbergs in die Sippenhaft der Nationalsozialisten. Da die Nazis fortan allen Adeligen misstrauten, wurde sofort das Schloss Wilflingen beschlagnahmt und darin die fürstliche Familie der Hohenzollern zwangsweise untergebracht. Später wurden dort auch sieben Minister der französischen Vichy-Regierung, die seit Anfang September 1944 ins Sigmaringer Schloss eingewiesen war, sowie der Premierminister Pierre Laval von der Gestapo bewacht, um sie an der Flucht zu hindern.

Im Jahr 1950 zog der damals 55 Jahre alte Ernst Jünger, Schriftsteller und Offizier in beiden Weltkriegen, ins Schloss, zwei Jahre später in das zweigeschossige Alte Forsthaus von 1728 mit seinem Walmdach. Er hatte Philosophie und Zoologie studiert und war jahrelang ein ausgewiesener Fachmann in der Entomologie, in der Insektenkunde, und legte eine riesige Käfer- und Schmetterlingssammlung an. Sein literarisches Gesamtwerk ist in einer 18-bändigen Ausgabe vereint. 1955 besuchte Theodor Heuss in Wilflingen Ernst Jünger, zu seinem 90. Geburtstag kamen 1985 François Mitterand, Staatspräsident von Frankreich, und der damalige Bundeskanzler Helmut Kohl als Gratulanten.

Nach dem Tod von Ernst Jünger am 17. Februar 1998 im Alter von fast 103 Jahren wurde das Alte Forsthaus als Museum und literarische Gedenkstätte der Öffentlichkeit zugänglich gemacht, von der Ernst-Jünger-Stiftung und dem Deutschen Literatur-Archiv in Marbach, wo auch der Nachlass dieses berühmten Mannes verwahrt wird.

Gegenüber dem Wilflinger Schloss ist im Alten Forsthaus eine literarische Gedenkstätte für Ernst Jünger der Öffentlichkeit zugänglich.

Seit der Gemeindereform gehört Grüningen zur nahen Stadt Riedlingen. In der Landesgeschichte hat der Name einen guten Klang, denn seit 1227 nannte sich nach dem Ort ein Zweig der Grafen von Württemberg, der durch Heirat mit einer Gräfin von Veringen in dieser Gegend zu größerem Besitz gekommen war und diesen auch noch mehrte. Von 1269 an fügten die Grafen von Grüningen noch Landau an, den Namen einer Burg bei Binzwangen am Steilufer zur Donau. Seit dem späten 13. Jahrhundert verloren sie viele ihrer Güter und sanken letztlich zum Niederadel ab.

Rechtsnachfolger des Ortsadels, der Herren von Grüningen, werden die Hornsteiner. Die Ritter von Hornstein und die Stammesverwandten von Hertenstein werden Mitte des 13. Jahrhunderts erstmals genannt und sind als Dienstmannen der Grafen von Veringen im unteren Laucherttal zu Hause. Hundert Jahre danach besitzen sie fast das ganze Gebiet der späteren Grafschaft Sigmaringen links der Donau, splittern sich jedoch durch Erbteilungen in dreizehn Linien auf, die bis 1546 außer dem Grüninger Zweig alle erlöschen. Das Zisterzienserinnenkloster Heiligkreuztal war das Hauskloster dieses bis in den Hegau ausgreifenden Niederadelsgeschlechts. Mindestens 18 Grablegen in Kirche und Kreuzgang sind bezeugt, außerdem stellen von 1300 bis 1450

alle Linien der Hornsteiner sieben Äbtissinnen. In der Reihe die 23. war von 1387 bis 1399 Adelheid II. von Hornstein-Grüningen.

Im 14. Jahrhundert sind die Hornsteiner auf der oberen Burg in Grünin-

gen ansässig, die sie 1434 vom Kloster Heiligkreuztal erwerben können. Trotz allem Wechsel der Linien bewohnen bis heute die Freiherren von Hornstein diesen später zum Schloss ausgebauten Platz. Ende des 15. Jahrhunderts gelangen sie auch in den Besitz der unteren Burg und können in Grüningen ein kleines Herrschaftszentrum schaffen, das im Kanton Donau zur Reichsritterschaft zählt. 1538 erhält Jakob Ernst von Hornstein zu Grüningen beide Schlösser und das Dorf – sie waren bisher freies Gut – als österreichisches Lehen. Ritter Hans Christoph (1541–1606) dient den Habsburgern als Geheimer Rat und als Verweser des Oberhofmarschallamts in Prag unter Kaiser Rudolf II. Im Jahr 1636 erhebt der Kaiser dieses Geschlecht in Regensburg in den Stand der Reichsfreiherren mit dem Titel Hochwohlgeboren. Im Wappen zeigen sie neben der Bären-

Hinter dem Jägerhaus das Schloss der Freiherren von Hornstein, rechts von Bäumen verdeckt die Kirche Sankt Blasius.

Blick über die Schlossmauer in Grüningen auf das Fachwerkgeschoss des Oberen Schlosses

tatze ein Hirschgehörn, das aus dem Schild der Grafen von Veringen entlehnt ist.

Das Untere Schloss, das sich entgegen der Bezeichnung auf einer Anhöhe befindet, war wohl ursprünglich eine Turmhügelburg der Herren von Grüningen. Der heutige Schlossbau stammt aus der zweiten Hälfte des 18. Jahrhunderts: ein einfacher, kleiner, zweigeschossiger, fast quadratischer Steinbau mit hohem Walmdach. Der bescheidenste Schlossbau in Oberschwaben.

Neben der barocken Pfarrkirche Sankt Blasius und mit dieser durch einen gedeckten Gang verbunden erhebt sich das Obere Schloss der Freiherren von Hornstein zu Grüningen, das zusammen mit seinen Wirtschaftsgebäuden eine geschlossene Baugruppe am Rand des Orts bildet. Es ist nicht mehr die 1538 beschriebene Burg mit einem starken Turm und rechteckiger

Mantelmauer, sondern ein hoher dreigeschossiger Bau mit Satteldach und Krüppelwalm. In den Außenmauern reichen aber die romanischen Buckelquader noch zwei Stockwerke hoch. Auf der Westseite ist ein Portal- und Treppenbau vorgesetzt, an drei Ecken runde Türme, von denen zwei schmale an der Südostseite oben in Achtecke übergehen. Das malerisch von Bäumen umstandene Schloss ist stilistisch schwer einzuordnen, es ist wohl ein gotischer Steinbau. Nach den Zerstörungen im Dreißigjährigen Krieg wird das Anwesen 1686 renoviert und das charakteristische Fachwerkobergeschoss aufgesetzt.

Die Brüder Georg und Brun von Hornstein teilen 1472 die Güter; der erste erhält Grüningen, während Brun vier Jahre später Schloss und Dorf Göffingen in der Nähe des Bussen erwerben kann. Ende des 18. Jahrhunderts muss dies verkauft werden und die Familie zieht nach Bayern. Auf Bitten des Fürstbischofs von Konstanz, Maximilian von Rodt, des letzten seines Geschlechts, erhalten sie im Jahr 1791 Bußmannshausen und Orsenhausen bei Laupheim als österreichisches Lehen und nennen sich nach diesen Orten. **Schloss Orsenhausen** ist 1754 erbaut worden, ein schlichter frühklassizistischer Bau mit drei Geschossen. Der extrem hohe Giebelrisalit sitzt vor einem riesigen Walmdach mit fränkischen Dachschlitzen. Im Innern die Ausstattung des 18. Jahrhunderts. Im Jahr 1992 haben die Freiherren an den Unternehmer Siegfried Weishaupt verkauft und das Inventar in einem Stuttgarter Auktionshaus meistbietend veräußert.

Oben: Buckelquader reichen bis zum dritten Geschoss. Unten: Eingang und Treppenturm an der Westseite des Oberen Schlosses.

Mochental – *früher Mönche, heute Kunst und Besen*

Verlässt man bei Ehingen an der Donau die Bundesstraße und fährt durch ein von diesem Fluss aufgegebenes Seitental in Richtung Kirchen, so sieht man erstaunt auf einem südlichen Ausläufer der Schwäbischen Alb ein hell strahlendes Gebäude mit beachtlichen Ausmaßen: Schloss Mochental. Zum Tal hin registriert man eine Front mit zwei seitlichen Volutengiebeln samt überkuppelten Dachreitern, zwischen den dreifenstrigen Eckbauten eine Reihe von neun Fenstern samt Läden. Das ist die Schauseite eines hufeisen-

Die südliche Schauseite von Schloss Mochental, ursprünglich eine Propstei des nahen Klosters Zwiefalten

förmigen Komplexes, vor dem spiegel-
bildlich ein Wirtschaftshof das Ganze
abschließt.

Um 1200 schenkt Graf Ulrich von
Berg die Burg Mochental und eine Nikolauskapelle, die 1052 Papst Leo IX.
persönlich geweiht haben soll, dem
Kloster Zwiefalten, das eine Propstei
für zehn bis zwölf Mönche einrichtet.
Seit dem 16. Jahrhundert dient das Anwesen auch als Alters- und Sommersitz
der Zwiefalter Äbte. Nachdem 1730 das
Hauptgebäude abgebrannt ist, lässt Abt
Augustin Stegmüller von den Kloster-
baumeistern Joseph und Hans Martin
Schneider, zwei Brüder aus Bach, das
heutige Schloss als Sommerresidenz
und Ort der Repräsentation errichten
und entsprechend ausstatten. Das haben andere Reichsprälaten, die in ihren
Klosterherrschaften zugleich geistliche
wie weltliche Oberhäupter waren, auch
getan. So der Abt von Obermarchtal,
der in der vorderösterreichischen Stadt
Munderkingen über dem Tal der Donau das Pfarrhaus schlossähnlich bauen
ließ.

In Mochental durchbrechen im
nordwestlichen Flügel die Fenster der
Nikolauskapelle, die durch zwei Stockwerke reicht, die strenge Symmetrie
der Geschossfenster. Davor erhebt
sich, schon stark verwittert, die Figur
des Kirchenpatrons, ein frühes Hauptwerk von Johann Joseph Christian, um
1740 geschaffen. Im Innern laufen die
Korridore hofseitig und ein zentrales
zweiläufiges Treppenhaus verbindet
die Ebenen. Besonders imponieren
zwei kunstvoll gestaltete Räume. Im
Erdgeschoss die Nikolauskapelle, ein
fünfjochiger Saal mit flacher Tonnen-

*Oben: Moderne und Barock begegnen sich
in der Nikolauskapelle. Unten: »Der Welt
erstes Besenmuseum«*

wölbung. An der Decke und in den Fensterlaibungen Bandelstuck der Wessobrunner Art, an der Decke und in den Stichkappen vierzehn Gemälde in Frescobuono-Technik von Franz Joseph Spiegler (1691–1757). Er malt später großartige Fresken in den Münstern von Zwiefalten und Säckingen, hier ist ein Frühwerk von 1734 zu betrachten. Der Künstler erzählt in breiter thematischer Fülle die Legende des heiligen Nikolaus nach, des Wohltäters und Helfers in Wassernot.

Über der Kapelle erstreckt sich der schöne und lichtdurchflutete Hubertussaal, in dem der Reichsprälat hohe Gäste empfing, mit ihnen speiste und repräsentierte. Im Deckenbild stellt Joseph Ignaz Wegscheider ein orientalisches Festmahl vor, während Putten die vier Elemente und antike Götterbüsten die vier Jahreszeiten symbolisieren. In allen Ecken goldumrahmte wertvolle Spiegel.

Im Zuge der Säkularisierung fällt die Reichsabtei Zwiefalten und damit auch Mochental an Württemberg. Das Kloster wird aufgehoben, und die Mönche werden auf Pfarreien verteilt. Abt Gregor Weinemer wird Mochental zugewiesen, wo er bis zu seinem Tod am 27. Februar 1816 lebt. Danach werden alle beweglichen Gegenstände aus den rund 40 Räumen fortgeschafft, nur die wandfeste Ausstattung wie Stuck, Fresken und Türen bleibt an Ort und Stelle.

Was tun mit dem stattlichen, herrlich, aber abseits gelegenen Gebäude?

Auf einem südlichen Ausläufer der Schwäbischen Alb paradiert Schloss Mochental, dahinter hufeisenförmig die Wirtschaftsgebäude.

Blick auf den südwestlichen Volutengiebel mit dem eleganten Glockentürmchen

1822 zieht ein Forstamt ein, gut hundert Jahre später nutzt der Arbeitsdienst einen Teil des Schlosses. Nach dem Zweiten Weltkrieg ist die Urspringschule Schelklingen mehr als zwei Jahrzehnte Mieter der Räumlichkeiten, doch seit Anfang 1976 steht dieser Besitz des Landes Baden-Württemberg leer. Da findet sich mit Ewald Schrade ein Mann, der bereit ist, seine Galerie von Kißlegg hierher zu verlegen und fast eine Million Mark zu investieren. Seit Pfingsten 1985 zieht die Galerie moderner internationaler Kunst mit ihren Ausstellungen von Klassikern wie noch nicht so bekannten Künstlern Jahr für Jahr zehntausende Besucher an, die vom Flair zeitgenössischer Kunstwerke in historischer Umgebung angetan sind. Dazu werden Vorträge, Lesungen und Konzerte angeboten.

Als Bonbon kommt »der Welt erstes Besenmuseum« hinzu. Hier werden gewöhnliche Kehrgeräte augenzwinkernd als Kunstwerke an den Wänden, in Vitrinen oder frei im Raum stehend präsentiert. Ein Kehrwochenschild darf nicht fehlen, Hexenbesen, Besen als Glücksbringer, ein Elefantenschwanz als Besen oder ein bildschöner Staubwedel aus den Schwanzfedern von Fasanen.

*I*n Neufra, rechts der Donau und nur wenige Kilometer südwestlich von Riedlingen gelegen, erhebt sich über den Dächern des Orts eine von hohen Bäumen umsäumte Schlossanlage. Daneben die katholische Pfarrkirche Sankt Peter und Paul mit ihrem breiten Satteldach und einem starken Turm, der im Anschluss elegant vom Viereck ins Achteck mit einem barocken Helm übergeht. Im Näherkommen erkennt man eine riesige Mauer, die durch Stützpfeiler gesichert ist und die mit der Steigung der Straße abnimmt. Dahinter die stattlichen Gebäude von Fruchtkasten und Reithaus. Erst beim Gang zum Schloss nimmt man fast im rechten Winkel von Kirche und Schlossgiebel eine gärtnerisch gestaltete Ebene wahr, die in vier bepflanzte Flächen und in ein Rondell in der Mitte aufgeteilt ist: der »hängende Garten« von Neufra.

In der ehemaligen Schlosskirche Sankt Peter und Paul, 1517 neu erbaut und in Schiff und Chor aufwändig eingewölbt, stehen etliche herrlich gearbeitete Grabmäler der Spätgotik und Renaissance, an denen sich die Abfolge in der Ortsherrschaft ablesen lässt: die überlebensgroße Schnitzfigur des Ritters Stefan von Gundelfingen dem Jüngeren, 1528 von Nikolaus Weckmann in Ulm geschaffen, und ein großes Bronzeepitaph für den Grafen Georg von Helfenstein (1519–1573), geformt von Wolfgang Neidhart dem Älteren.

Dieser Graf hat 17-jährig am 4. Mai 1536 im Schloss zu Neufra Maria von Bowart, die Adoptivtochter des letzten Gundelfingers, geheiratet und damit die Ortsherrschaft erlangt. Schon vorher studierte der Edelmann in

Ingolstadt und absolvierte eine Bildungstour durch Frankreich und Italien. 1542 finden wir ihn als Offizier in kaiserlichen Diensten, und es beginnt ein rascher Aufstieg als Militär und Diplomat. 1558 wird Graf Georg von Helfenstein kaiserlicher Statthalter in Innsbruck, danach schicken ihn die Habsburger an den päpstlichen, den spanischen und englischen Hof. 1568 befiehlt er ein Regiment Landsknechte im Kampf gegen die Türken. Ein Jahr später nimmt er 50-jährig seinen Abschied, und der Witwer heiratet Gräfin Apollonia von Zimmern. In seinen letzten vier Lebensjahren baut der Helfensteiner in Neufra – bis auf die bestehende Kirche – all das aus und um, was diesen Herrschaftssitz am Übergang vom Mittelalter zur Neuzeit bis heute ausmacht. Dabei sollte nicht vergessen werden, dass außer den beträchtlichen Eigenmitteln des Bauherren auch die 200 leibeigenen Untertanen im Dorf

Links Wirtschaftsgebäude, in der Bildmitte die Kirche Sankt Peter und Paul, rechts davon das Schloss, davor die künstlich geschaffene Ebene

Innenhof des Schlosses Neufra:
Man sieht die Fachwerkgeschosse und
einen Turm.

durch Frondienste ihren Anteil an den Bauleistungen reklamieren können.

Das Schloss ist vermutlich bereits Mitte des 16. Jahrhunderts errichtet worden, ein dreigeschossiger Baukörper mit vorkragendem Fachwerkstock, der leicht gebogen der Kante des keilförmigen Bergsporns folgt. Seitlich ist ein halbrunder Turm angefügt. Ecktürme, wie damals üblich, sind nicht vorhanden, sie sind in die wappengeschmückte Toranlage und in die Ringmauer verlegt, die noch zu guten Teilen erhalten ist. Im Innern eine alte Wendeltreppe und Ausstattungsdetails aus dem 17. und 18. Jahrhundert.

Man sollte allerdings wissen, dass der Riedlinger Textilfabrikant Ferdinand Gröber – er hatte 1867 von den Fürstenbergern, den Erben der Grafen von Helfenstein in Neufra und Wiesensteig, das Anwesen erworben – zwei Jahre später den parallel zum vorhandenen Gebäude verlaufenden Südflügel und den verbindenden Flügel im Westen abreißen ließ. In den Nebengebäuden – Fruchtkasten und Reithalle – betrieb er eine Strickwarenfabrik.

Die Verbürgerlichung des herrschaftlichen Sitzes ist in unserer Zeit fortgeschritten. Die Firma Schlosswohnbau renoviert von 1973 bis 1975 den Hauptbau und verkauft dann 19 Eigentumswohnungen. Im ehemaligen Marstall bestehen seit 1988 21 Wohneinheiten, der Fruchtkasten oder das Kornhaus, heute Torschlössle genannt, umschließt zwölf Wohnungen. Zu Füßen der Terrasse steht das barocke zweigeschossige Amtshaus oder Rentamt mit seinem Walmdach, das sich in Privatbesitz befindet. Die Eigentümer betreiben eine Turm- und Gartenschenke und in dem Eckpavillon Deutschlands kleinstes Schlosshotel.

Neben der Kirche dehnt sich die Gartenterrasse, die erste in Deutschland. In der Antike galt der »hängende Garten« der assyrischen Königin Semiramis im 6. vorchristlichen Jahrhundert als eines der sieben Weltwunder: Terrassen, deren Decken durch Säulen und Gewölbe abgestützt waren, die den Pflanzen reichlich Sonnenlicht und den

Menschen im Inneren eine schattige Promenade boten. In Neufra besteht ein großes Rechteck mit etwa 2000 Quadratmeter Grundfläche. Solch ein ebenes Gelände war im 16. Jahrhundert das Ideal für einen Garten, in dem man sich noch Rabatten, Wege, Lauben und Brunnen vorstellen muss.

Vermutlich ließ Graf Georg von Helfenstein nach seiner Hochzeit 1569 für seine zweite Frau Apollonia diesen gewaltigen Terrassenbau errichten, der vor seinem Tod 1573 wohl fertig war. Anregungen für dieses Bauwerk hatte der weit gereiste Edelmann in Italien und Frankreich zur Genüge erhalten, auch im Schloss Ambras bei Innsbruck, das Erzherzog Ferdinand von Österreich 1563 von seinem kaiserlichen Vater geschenkt bekam und das dieser für seine Gemahlin Philippine Welser, die schöne Patrizierin aus Augsburg, auch in gärtnerischer Hinsicht mit Terrassen ausbauen ließ.

Ein unbekannter Baumeister schuf in Neufra im Zwickel zwischen Kirche und Schloss die ebene Fläche etwas unterhalb der Hangkante. Im Süden, zum Gotteshaus hin, und im Westen, zum Schloss, stößt der Garten an den abfallenden Hang. Nach Osten – der Straße entlang – und nach Norden – dem offenen Donautal zu – mussten erstaunliche Mauern hochgezogen werden. Zum Tal hin ist die Mauer von turmartigen Bauten flankiert, die im Obergeschoss für das gewonnene Gelände bodengleiche Pavillons ergeben. Beim Nordwest-Turm erreicht die Mauer eine Höhe von fast sechzehn Metern, die Höhe der Gewölbe aus Bruch- und Ziegelsteinmauerwerk

Bronzeepitaph in der Kirche für Graf Georg von Helfenstein, dem Erbauer des »hängenden Gartens«

im Innern steigt bis zu 9,5 Meter an. Die Nordmauer ist durch Blendbögen aufgelockert, die in ihren Ausmaßen den Gewölben im Innern entsprechen. Darüber wurde das Gelände aufgeschüttet, bis eine ebene Fläche geschaffen war. Nach Norden stabilisiert zudem ein halbrunder Turm gegen den Seitenschub, im Osten etliche mächtige Stützpfeiler.

Dass der historische Hängegarten des Schlosses Neufra seit 1988 wieder

Nordwestlicher Eckturm der Gartenterrasse, dahinter die Stadt Riedlingen und die Schwäbische Alb

aufgrund eines Plans von 1827 ange-
legt und der Öffentlichkeit zugänglich
ist, verdanken wir dem Einsatz von
Waltraud Johannsen und ihrer Familie,
die Gartenebene, Eckturm und Rentamt erworben hat. Seit 1994 ist der
Garten in eine gemeinnützige Stiftung
umgewandelt.

Die beeindruckende Substruktion
der Anlage bestand wohl aus sechzehn hohen Gewölben, von denen
sieben wieder begehbar sind, nachdem tonnenweise Schutt ausgeräumt
und schadhafte Stellen ausgebessert
waren. Die Stützmauer zur Straße hin
musste von Sträuchern und losen Stei-
nen befreit und mit 56 Kubikmetern
Betonsteinen gesichert werden. Zu-

letzt wurde sie verputzt, gestrichen und
oben mit Biberschwänzen abgedeckt.

Für die Neuanlage des Gartens
wurde das gesamte Erdreich über den
Gewölben abgetragen, eine wurzel-
resistente Folie aufgebracht, Drainage
und Wasserleitung installiert und alles
mit Kies und Erde wieder aufgefüllt.
Dann wurden die Einfassungen der
Beete befestigt. 2200 Buchspflanzen,
230 Taxus und 120 Rosenstöcke sind
eingepflanzt und vermitteln – mit dem
Blick über die Donau auf die Alb – eine
friedvolle Stimmung. Wegen der Besitz-
verhältnisse ist der Zugang zu diesem
idyllischen Flecken nur noch von unten
her möglich, mittels einer Holztreppe
neben dem nordwestlichen Eckturm.

Untermarchtal – vom Herrensitz zum Mutterhaus

Fährt man auf der Bundesstraße von Riedlingen nach Ehingen und weiter nach Ulm, so geht bei Untermarchtal der Blick auf eine Anhöhe südlich der Donau, und man registriert einen Gebäudekomplex mit einem Schlossbau im Osten. Biegt man in den Ort ab, so empfängt den Besucher eine auffallende Verdichtung von Bauten. Rechter Hand das Bildungshaus, dahinter die 1972 vollendete Kirche Sankt Vinzenz, ein Rundbau in Sichtbeton mit einem schlanken Turm. Kreise und Halbkreise unterschiedlicher Größe hat der Basler Architekt Hermann Baur zusammengefügt, wodurch sich ein eindrucksvoller Innenraum in schlichter Sachlichkeit ergibt. Nach Osten hin weitere stattliche Gebäude, um den Unteren und den Oberen Klosterhof angeordnet, zum Abschluss ein Schloss mit vier Eckerkern. Ein Typus, der in Oberschwaben

Das Schloss Untermarchtal ist heute ein Teil des Mutterhauses der Vinzentinerinnen.

häufig vorkommt. Wir befinden uns vor dem Mutterhaus der Vinzentinerinnen in Württemberg, der Kongregation der Barmherzigen Schwestern des heiligen Vinzenz von Paul. Außerhalb der Ortsbebauung erstreckt sich über der Donau ein zweiter Komplex mit einer Frontlänge von mehr als 150 Metern: das Pflege- und Wohnheim Maria Hilf, dreieinhalb-geschossig zu Beginn des 20. Jahrhunderts errichtet.

Die Herren von Speth hatten auf der südlichen Alb, im Lauter- und im Lauchertal reichen Besitz. 1442 kaufte Dietrich Speth von Ehestetten, seines Zeichens württembergischer Hofmeister, Burg und Dorf Niederen-Marthel. Um die Burg, später um das Schloss, erhoben sich die Bauten eines Ritterguts. Die Linie der Freiherren Speth-Unter-marchtal starb 1662 aus, das Erbe traten die Speth-Zwiefaltendorf an. Sie gestalteten das Schloss, 1573 bis 1576 gebaut, im 18. Jahrhundert im barocken Stil um: ein dreigeschossiger Hauptbau mit Eckerkern, mit hohem Mittelgiebel und Satteldach. Die Stuckaturen im Flur und in der Beletage sind 1711 entstanden und stellen ein ausgedehntes allegorisches Programm dar. Anfang des 19. Jahrhunderts erst ist der Große Saal ausgestattet und mit Tapeten geschmückt worden, die Bilder der oettingischen Schlösser zeigen: Baldern, Maihingen, Wallerstein und Oettingen. Friedrich, der letzte Freiherr der neuen Linie Speth-Untermarch-tal – er stirbt 1850 – war mit Therese, einer Prinzessin Oettingen-Wallerstein, verheiratet, wie das Allianzwappen am Südportal verdeutlicht.

Hoch aufragend das auf einer Geländekante aufsitzende Schloss mit seinem Satteldach, rechts davon das Untermarchtaler Bildungshaus

In Paris hatte 1633 Vinzenz von Paul einen Orden gegründet, dessen weibliche Mitglieder sich dem sozialen Dienst an den Mitmenschen widmen sollten: Filles de la Charité, Töchter der christlichen Liebe. Nach den Wirren der Französischen Revolution und den napoleonischen Kriegen und Erschütterungen blüht der Orden der Vinzentinerinnen in Frankreich kräftig auf. Von Straßburg aus springt der geistlich-karitative Funken über den Rhein nach Baden und weiter nach Württemberg. Da seit Aufhebung aller Klöster, seit der Säkularisation, die Errichtung religiöser Gemeinschaften untersagt war, bedurfte es einer königlichen Genehmigung, um 1852 Vinzentinerinnen ins Land zu rufen und im Spital von Schwäbisch Gmünd zu beschäftigen. Sechs Jahre danach wird in dieser Stadt das erste Mutterhaus eingerichtet, das sich jedoch bald als zu klein erweist.

1853 veräußerte die Familie der Freiherren von Speth das Schloss in Untermarchtal und alle dazugehörenden Besitzungen an Bürgerliche. So gelangte es auch 1886 an den Rottweiler Kaufmann Franz Josef Linder, dessen einzige Tochter Josefine in den Orden des heiligen Vinzenz von Paul eingetreten war. Als Schwester Margarita wirkte sie später viele Jahre lang als Generaloberin. Nachdem der Vater 1887 das Anwesen als Vermächtnis den Barmherzigen Schwestern übertragen hatte, wurde am 18. September 1891 das Mutterhaus von Schwäbisch Gmünd nach Untermarchtal verlegt. So wurden die Vinzentinerinnen im üblichen Sprachgebrauch zu den Un-

Oben: Barocker Wasserspeier am Schloss.
Unten: Wappen im Renaissance-Rahmen aus der Erbauungszeit oberhalb des Eingangs.

Schloss Baldern bei Bopfingen erbte 1798 die kurz zuvor gefürstete Linie Oettingen-Wallerstein.

senkranzkirche, die heute – bis auf die Chorkapelle – als Saal des Bildungshauses dient.

Im Ersten und im Zweiten Weltkrieg wurde im Mutterhaus ein Lazarett eingerichtet, darüber hinaus wurden von den Nazis 336 Schwestern dienstverpflichtet und halfen in 33 Lazaretten. 1941 hatte das NS-Regime das gesamte Vermögen der Kongregation beschlagnahmt und bald danach auch eingezogen. Erst 1948 wurde diese Enteignung für nichtig erklärt.

Die Zeiten, als in zahllosen Dörfern und Städten die Barmherzigen Schwestern aus Untermarchtal die Gemeindekrankenschwestern und Kindergärtnerinnen stellten, sie sind leider vorüber. In dem Imperium christlicher Nächstenliebe konzentriert man sich gegenwärtig bei 470 Schwestern auf das Wohn- und Pflegeheim Maria Hilf in Untermarchtal selbst, auf Seniorenzentren in Schwäbisch Gmünd, Leutkirch und Wangen im Allgäu, auf das Hörgeschädigtenzentrum Sankt Vinzenz und die Schule für Hörgeschädigte Sankt Josef in Schwäbisch Gmünd, auf das Institut für Soziale Berufe in Gmünd und Ellwangen, auf das Vinzenz von Paul Hospital, die Klinik für Psychiatrie, Psychotherapie und Neurologie in Rottenmünster bei Rottweil, auf das Stuttgarter Marienhospital und auf die Vinzenz Klinik und Vinzenz Therme Bad Ditzenbach. Seit 1960 engagieren sich die Untermarchtaler Schwestern auch im ostafrikanischen Tansania im Basisgesundheitsdienst, in Hospitälern, Entbindungsstationen sowie in Heimen für körperbehinderte Kinder und Aids-Waisen.

termarchtaler Schwestern, die als Gemeindeschwestern Alte, Kranke und Behinderte betreuten und in Heimen, Schulen, Kindergärten und Krankenhäusern im katholischen Württemberg ihren segensreichen Dienst christlicher Nächstenliebe taten. 1962 wurden noch 1700 Barmherzige Schwestern gezählt. Solche Daten erklären, dass vor und nach 1900 unablässig gebaut und erweitert wurde. 1908 und 1909 schuf der Ehinger Oberamtsbaumeister Joseph Buck entlang der Straße die Ro-

*A*uf der Bundesstraße durch das Donautal sollte man Oberdischingen nicht umfahren, sondern den Abzweig wählen. Von Osten, von Ulm her, stimmt jeden schon eine Allee darauf ein, dass ihn etwas Besonderes erwartet: eine barocke Kleinresidenz, in der man alles findet, nur kein Schloss. Die Herrengasse weitet sich trapezförmig zu einem Platz, an dem links die Hof- und Pfarrkirche steht, rechter Hand das schlossähnliche Kanzleigebäude, weiter oben die Dreifaltigkeitskapelle mit dem Paterhaus.

All das ist dem gestalterischen Willen eines Mannes entsprungen, der sich selbst vorstellen soll: »Wir, Franz Ludwig, Schenk des Heiligen Römischen Reichs Graf von Castell, Herr der Graf- und Herrschaften Schelklingen, Berg und Gutenstein, Oberdischingen, Bach, Wernau, Einsingen, Hausen und

Das dreiflügelige Kanzleigebäude der Schenken von Castell wirkt wie ein Schloss; im rechten Bauteil befindet sich heute das Rathaus von Oberdischingen.

Ab 1783 ließ der Malefizschenk diese Häuserzeilen bauen, die sich zum Zentrum hin trapezförmig weiten und städtisches Flair vermitteln.

Stetten am kalten Markt.« Zudem Wirklicher Geheimer Rat in Mainz und Erbmarschall des Hochstifts Eichstätt. In die Geschichte eingegangen ist dieser barocke Herrenmensch, intelligent, gebildet und keinen Widerspruch duldend, von hünenhafter Gestalt mit feuerroten Haaren, als der Malefizschenk.

Der erste schriftlich gesicherte Castell mit Namen Ulrich wird 1127 zum Bischof von Konstanz gewählt. Die Stammburg seines Geschlechts, das Castellum, liegt bei Gottlieben am Bodensee. Im Jahr 1242 überträgt der Konstanzer Bischof einem Cas-

tell – nicht zu verwechseln mit den gleichnamigen Grafen und Fürsten im fränkischen Steigerwald – das Amt des Mundschenken. Die Schenken von Castell bleiben als Parteigänger der Habsburger am Bodensee, im 16. Jahrhundert bildet sich ein Zweig im bayerischen Eichstätt heraus, der 1655 in den Stand der Reichsfreiherren erhöht wird. Sechs Jahre danach können sie von den Herren von Stotzingen die Herrschaft Dischingen kaufen »mit Rechten und Gerechtigkeiten, malefizische Hoch und Niedere Herrlichkeiten«, also mit hoher und niederer Gerichtsbarkeit. Nachdem sie dann

Adelige planmäßig ab etwa 1770 eine kleine Residenz an als Ausdruck seiner reichsgräflichen Souveränität und seines Repräsentationsbedürfnisses, wodurch sich Oberdischingen bald von allen Orten der Umgebung abhebt und Klein-Paris genannt wird.

Den Eingang von der Kastanienallee her markieren seit 1783 zwei doppelgeschossige Kopfbauten samt Bogenportal und hohem Mansarddach, rechts eine Apotheke, links die Gastwirtschaft »Zum Löwen«. Es folgen in der Flucht auf jeder Seite je vier gleichförmige, ein wenig niedrigere Häuser mit Mansarddach und reicher Außengliederung, deren Fassaden sich zum Schlossplatz öffnen und städtisches Flair vermitteln.

Gegenüber der zurückgesetzten Kirche und dem Schlosspark das dreiflügelige Kanzleigebäude, das heute zum Teil als Rathaus genutzt wird, ein Zweckbau mit zwei Eckpavillons und erhöhtem Mittelteil. Die Fassaden sind durch Lisenen gegliedert, am Hauptgebäude Korbbogentore und Volutengiebel. Über der Durchfahrt in den Wirtschaftshof eine barocke Madonna und das Wappen der reichsgräflichen Familie. Zur Zeit des Arbeits- und Zuchthauses waren im Erdgeschoss Räume für die Gefangenen, darüber wohnten die Zuchthausknechte, die Aufseher und die Beamten. Ab 1767 hat Franz Anton Bagnato dieses einfache, aber wohlgeformte Anwesen geschaffen.

Nordöstlich der Kanzlei lässt der Malefizschenk die so genannte Fronfeste errichten, ein Arbeits- und Zuchthaus für die schwäbische Ritterschaft. Wie ist es dazu gekommen? Im 18. Jahrhundert gab es eine beträcht-

mit den österreichischen Lehen Berg und Schelklingen vom Kaiser betraut sind, steigen die Schenken von Castell schon 1681 in den Rang von Reichsgrafen auf, nicht zuletzt dank der Fürsprache eines Marquard von Castell, Fürstbischof von Eichstätt.

Als 1764 der damals 28-jährige Graf Franz Ludwig die Herrschaft antritt, hat das Geschlecht der Schenken von Castell bereits den Gipfel überschritten, sind schon einige Besitzungen verkauft. Er ist der Herr über 2800 Untertanen, gut ein Drittel davon in Oberdischingen. Neben dem Dorf legt dann der stolze und selbstbewusste

liche Unterschicht von Nichtsesshaften, von Bettlern, Landstreichern, Dieben, Einbrechern und Räubern. Für den Schwäbischen Reichskreis, der das heutige Baden-Württemberg zu zwei Dritteln und Bayerisch Schwaben umfasste, bestanden bereits Arbeits- und Zuchthäuser in Buchloe, Ravensburg, Ludwigsburg und Ulm. Da gerade in den kleinen Herrschaften die öffentliche Sicherheit nicht gewährleistet war, forderte 1786 Kaiser Josef II. den Ritterkanton Donau mit Sitz in Ehingen auf, ein eigenes Gefängnis zu erstellen. Im März des folgenden Jahres erbot sich Graf Franz Ludwig, eine

solche Anstalt in Oberdischingen mit finanzieller Hilfe des Ritterkantons zu schaffen. Im Gegensatz zu den meisten seiner Standesgenossen hatte er in seinem Gebiet für strenge Zucht und Ordnung gesorgt und als Inhaber der hohen Gerichtsbarkeit auch Todesurteile vollstreckt. Diese Gerichtsbarkeit hieß auch die malefizische, daher der Übername des Grafen als Malefizschenk. Am 5. Mai 1788 kam der Vertrag zwischen dem Kanton und dem damals schon 52-jährigen Grafen zustande. Seine Gattin, Gräfin Philippine von Hutten, mit der er sieben Kinder hatte, trennte sich daraufhin von ihm,

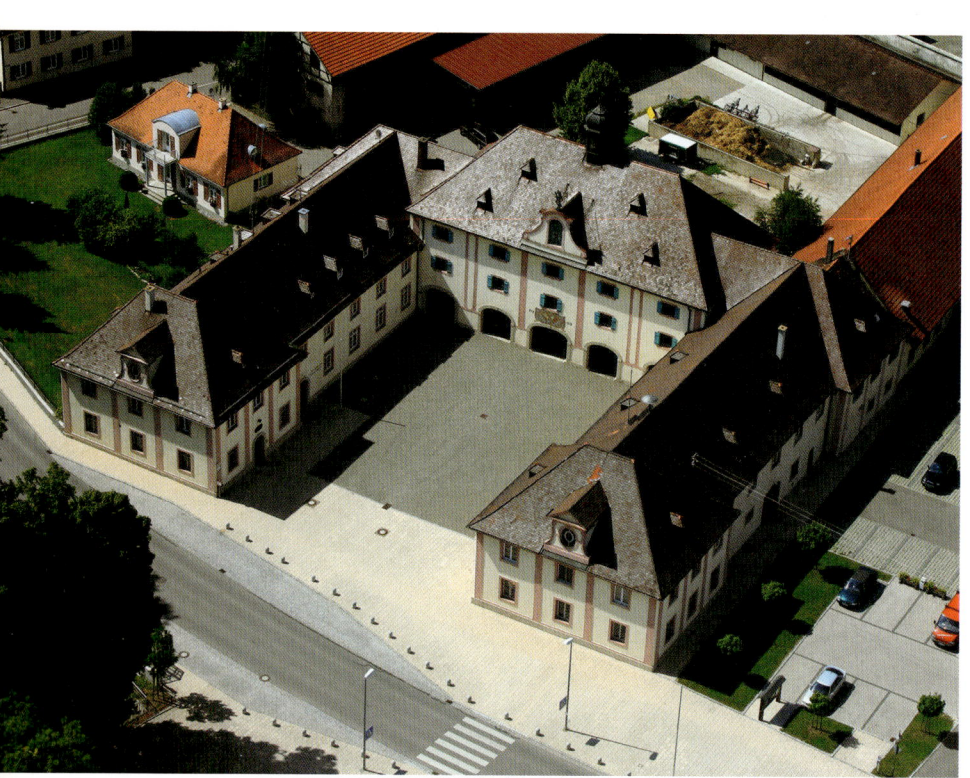

Ab 1767 schuf der Baumeister Franz Anton Bagnato die Kanzlei, ein einfaches, aber schön gestaltetes Anwesen. Einst war es auch Arbeits- und Zuchthaus.

denn nicht nur in ihren Augen war die Jagd »nobel« und standesgemäß, nicht aber die Verbrecherjagd.

Unabhängig davon hatte der Graf am 16. Juli 1788 eine persönliche Demütigung rechtlich korrekt ausgeglichen, als er auf dem Galgenberg Elisabeth Gaßner mit dem Schwert vom Leben zum Tod befördern ließ. Zuvor hatte die »Schwarze Lies« rund 300 Diebstähle gestanden, darunter einen sechs Jahre vorher in Ludwigsburg. Dort waren viele edle Herren und Damen zusammengekommen, um mit einem glänzenden Hoffest den Geburtstag des Herzogs Karl Eugen von Württemberg zu feiern. Dabei hatte die Gaunerin, wie man damals sagte, dem vornehmen Herrn eine Rolle Dukaten aus der Rocktasche gestohlen. Graf Franz Ludwig wandte ein kleines Vermögen auf, um diese impertinente Person aufzuspüren und nach Oberdischingen zu bringen.

Das Arbeitshaus sollte als Gefängnis und Besserungsanstalt für umherziehende Bettler und Landstreicher dienen; sie hatten Flachs und Wolle zu spinnen sowie beim Haus- und Straßenbau tätig zu sein. Im Zuchthaus wurden Diebe, Räuber und Mörder verhört, verurteilt und gefangen gehalten. In der hufeisenförmigen Fronfeste und in dem Kanzleigebäude war Platz für 150 bis 180 Häftlinge, die ordentlich verpflegt, von Zuchtknechten beaufsichtigt und von zwei katholischen und einem evangelischen Geistlichen sowie von einem Arzt, einem Chirurgen und einem Apotheker betreut wurden.

Im Laufe der Zeit schloss der Malefizschenk zudem Verträge mit etlichen Reichsabteien, Reichsstädten und schweizerischen Kantonen, um die Rechtspflege zu übernehmen. Dafür hatten diese ihm bestimmte Taxen pro Person zu zahlen. Als Häscher schickte er als Jäger verkleidete Personen aus, oft ehemalige Mitglieder des Gaunermilieus, die die Gewohnheiten der Gesuchten und das Rotwelsch kannten.

Rund 300 Kriminalprozesse wurden in Oberdischingen durchgeführt, wobei auf die Folter verzichtet wurde. Dabei kam es zu mindestens 36 Todesurteilen – also zwei im Jahr –, die von den Universitäten Freiburg und Tübingen überprüft wurden. Diesen Vollstreckungen stehen 20 Begnadigungen gegenüber, die der Graf meist erst am Richtplatz aussprach. Reuige Straftäter unterstützte er, ebenso deren Kinder, damit sie sich im Leben wieder zurechtfanden.

1806 wurde Graf Franz Ludwig Schenk von Castell zu seinem großen Leidwesen ein Untertan des herrischen Königs Friedrich. Im Frühjahr 1808 wurde ihm dann die Gerichtsbarkeit untersagt, die zu einem Staat im Staate geworden war. Zugleich wurde eine Untersuchung eingeleitet, ob er nicht mitunter nach Gutdünken geurteilt hatte und ob immer die Unabhängigkeit seiner Justizbeamten gewährleistet war. Der Prozess endete damit, dass er zur Zahlung der Kosten verurteilt und damit indirekt schuldig gesprochen wurde. Das hat diesen Mann tief getroffen, der nicht »abgewürdigt« sein wollte und vergeblich bis zu seinem Tod am 2. Mai 1821 im Alter von 85 Jahren für seine Rehabilitierung kämpfte.

Einen schweren Schicksalsschlag hatte er in der Nacht vom 2. auf den

Oberdischingen besitzt als Pfarrkirche eine klassizistische Rotunde, entworfen von Nikolaus Friedrich Thouret, und zwischen 1800 und 1832 erbaut.

3. Juni 1807 erlitten, als ehemalige Zuchthäusler sein Schloss in der Nähe der Kirche anzünden und einäschern konnten. Dessen Bau war wohl Anfang der 1770er-Jahre von Pierre Michel d'Ixnard errichtet worden; ein pompöser Entwurf dazu hat sich erhalten. Danach wurde der Neue Bau und der Kavaliersbau geschaffen, das Wohngebäude der gräflichen Familie bis 1851, bis sie an die Stuttgarter Bankiersfamilie Kaulla verkauft und nach Salzburg zieht. 1969 brennt der Kavaliersbau teilweise ab und wird in den Neubau eines Altersheims integriert.

Die Pfarrkirche zum Heiligen Namen Jesu ist eine klassizistische Rotunde mit vier Kreuzarmen, vermutlich von Nikolaus Friedrich Thouret gezeichnet und von 1800 bis 1832 aufgeführt. Mit der Rotunde, dem römischen Pantheon nachempfunden, wählt der Malefizschenk bewusst eine herrschaftliche Bauform für seine »Hofkirche«. Der 36 Meter hohe Glockenturm wird erst 1892 angefügt, als die Oberdischinger nicht mehr den Spott der Nachbarn ertragen konnten, sie hätten zwar eine Kirche, aber eine ohne den üblichen Turm.

Westlich von Ulm trennt das Hochsträß die Täler von Blau und Donau. Am Südrand des Hochsträß, auf der Talkante zur Donauniederung, erkennt man schon von weitem den Herrschaftsbezirk: das stattliche, gelb bemalte Schloss und die weiß getünchte Pfarrkirche mit ihrem hohen, schlanken Turm.

Im späten Mittelalter wechseln die Besitzer von Burg und Herrschaft, die oft nur einige Anteile halten: Niederadelige und Ulmer Patrizier. 1442 verleiht Erzherzog Friedrich von Österreich den Herren von Stein den Blutbann, die hohe Gerichtsbarkeit; damit ist Erbach ein österreichisches Lehen geworden. 1532 kauft der unglaublich

Die Westgiebel und der nordwestliche Turm des Schlosses der Freiherren von Ulm zu Erbach.

reiche Augsburger Patrizier Hans II. von Baumgarten die Herrschaft Erbach und bezahlt der Hofkammer in Innsbruck 6000 rheinische Gulden dafür. Drei Jahre später nimmt er förmlich von König Ferdinand Erbach als österreichisches Mannlehen entgegen und wird 1538 auch noch Patronatsherr der Pfarrkirche.

Hans I. von Baumgarten gehört seit 1504 zu den Geldgebern der Habsburger, sein Sohn Hans II. – er ist mit Regine, einer Tochter von Georg Fugger, verheiratet – wird von Maximilian I., Karl V. und Ferdinand I. mit Gnadenerweisen über-häuft: Steuerfreiheit, Münzregale und Münzstätten in Kaufbeuren und Kempten, Bergregale, kaiserlicher Rat und Reichsfreiherr. Die Montange-schäfte dieser Familie erstrecken sich über ganz Europa und zahlen sich gehörig aus. Nach 1550 ist es damit schlagartig vorbei, denn die Erben ha-ben durch aufwändige Lebensführung das Vermögen verschwendet. Hans Jörg von Baumgarten, der Enkel von Hans II., stirbt 1570 im Augsburger Schuldturm. 1633 erlischt mit seiner Tochter Maria, verwitwete Gräfin von Hohenems, das Geschlecht der Reichsfreiherren von Baumgarten.

Auf einer Bergkante über dem Donautal trotzt das viertürmige Schloss Erbach den Zeiten und Wettern. Die Grundfläche misst 38,5 auf 33 Meter.

In Erbach baut Hans II. oder Hans der Jüngere von 1550 bis 1555 anstelle einer Burg sein Monumentalschloss: zwei lang gezogene Trakte nebeneinander über weiten gewölbten Kellern, drei Etagen hoch und in der Dachzone noch einmal vier Ebenen unter gewaltigen Satteldächern mit Staffelgiebeln. Es ist das einzigartige Beispiel dafür, dass der niederadelige Adels- oder Patrizierbau verdoppelt worden ist, was eine eindrucksvolle Außenwirkung und einen riesigen Innenraum beschert. Die Grundfläche misst 38,5 auf 33 Meter, vermutlich berechnet im damaligen Werkschuh im Verhältnis 125 zu 100. Zwei Staffelgiebel schließen die Front ab, rechts und links von Rundtürmen begleitet, insgesamt rahmen vier das Gebäude. Es darf als sicher gelten, dass namhafte Augsburger Baumeister und Werkleute hier tätig gewesen sind, die aber nicht namentlich benannt werden können.

Das herrschaftliche Anwesen ist von einer mächtigen, mit einem Graben verstärkten Wehrmauer umgeben, die an allen Ecken nochmals Rundtürme aufweist. Über eine Zugbrücke und durch den Torbau, in dem die Reste des Bergfrieds der Burg enthalten sind, gelangt man in den Hof, der von früheren Stallungen und Dienstwohnungen flankiert wird. Über dem Torbau eine steinerne Platte mit Wappen, Sprüchen und Bauangaben des Hans II. von Baumgarten. Rechter Hand ein Ziehbrunnen des frühen 17. Jahrhunderts mit einem geschwungen aufsteigenden Baldachin aus Stein; steinerne Kugeln und ein Pinienzapfen bilden die Bekrönung. Hinter der eindrucksvollen

Alter Eingang in einem mittelalterlichen Turmstumpf, dahinter erkennt man das Portal des Schlosses Erbach.

doppelgiebeligen Fassade des Schlosses mit sieben Fensterachsen erstreckt sich ein länglicher Bau, der auch im Innern längs erschlossen ist.

Im Erdgeschoss empfängt in der Mitte die Dürnitz, eine flach tonnengewölbte Halle mit 35 Meter Länge und neun Meter Spannweite, von der aus rechts und links die Räume erschlossen sind. Im Erdgeschoss und im ersten Obergeschoss tritt gegenüber der Front – auf der östlichen Seite – die Ka-

Der Eingang in das Schloss, so wie es die Augsburger Patrizier, die Reichsfreiherren von Baumgarten, bauen ließen.

pelle vor die Fassade. Ein Treppenhaus auf der rechten Seite ermöglicht den Aufstieg in die höheren Etagen, drei an der Zahl. Sie folgen samt und sonders dem beschriebenen Grundriss: in der Mitte der breite Ern, beidseitig die Räume mit unterschiedlichen Aufgaben und unterschiedlicher Ausgestaltung.

Im Jahr 1611 ziehen die Habsburger Erbach als erledigtes Lehen wieder ein. Hans Ludwig von Ulm, seit 1590 kaiserlicher Reichshofrat unter Kaiser Ferdinand II., wird 1620 ins Erbacher Lehen eingesetzt, nachdem er 60 000 Gulden bezahlt hat. Zwei Jahre danach wird er in den Stand des

Reichsfreiherren erhoben mit dem Recht, sich und seine Nachkommen in Zukunft Reichsfreiherren von Ulm zu Erbach zu nennen. Seit jener Zeit ist das Schloss ununterbrochen im Besitz dieser Familie.

Dieses Geschlecht wird schriftlich erstmals 1140 in Zürich bezeugt, als Wernheri von Ulm dort ein steinernes Haus erwirbt. Heinrich von Ulm war zur Zeit des Konstanzer Konzils Bürgermeister der Bischofsstadt und wurde 1418 von Kaiser Sigismund zum Ritter geschlagen. Mit Hans Ludwig von Ulm, der eine Erbtochter, Euphrosyne Schad zu Mittelbiberach, heiratet, gelangt diese Familie nach Oberschwaben.

Im Dreißigjährigen Krieg werden Dorf, Schloss und Ökonomie durch eine Einquartierung der Schweden, die sieben Jahre dauert, hart mitgenommen. Nach ihrem Abzug ist das Schloss nicht mehr zu bewohnen. Daher lässt Franz Anton Reichsfreiherr von Ulm zu Erbach 1702 von Michel d'Ixnard in Donaurieden das »Schlössle« bauen, das später wieder abgerissen wird. Unter den Inhabern der Herrschaft ragt weiterhin Ferdinand Carl von Ulm hervor, der 1763 in der nahen Markgrafschaft Burgau Landvogt und einige Jahre später Präsident der vorderösterreichischen Regierung in Freiburg wird; 1781 ist er gestorben.

Im Innern ist das Erbacher Schloss ein Kunstmuseum und eine Erinnerungsstätte des Hauses Ulm-Erbach. Im ersten Obergeschoss malt 1884 Joseph Egle im Stil der Renaissance Fresken. Zum Renaissance-Zimmer gehört auch ein Fayenceofen mit Kaisern, Propheten und Porträts, so dem des Freiburger Regierungspräsidenten. In einem Eckraum befindet sich der Marie-Theresia-Salon mit Bildnissen der Habsburger. Der frühbarocke Deckenstuck ist um 1720 aufgetragen worden, die Wandtäferung ist mit feinen Rokokoschnitzereien verziert. Ein Prachtstück ist der Südtiroler Fayence-Rundofen von 1553, auf dessen Kacheln mit Blaumalerei griechische Helden sowie römische und deutsche Kaiser festgehalten sind.

Der mittlere Braune Salon zeigt einheitliche Biedermeier-Möbel aus hellem Kirschbaumholz und Gemälde des Wiener Hofmalers Ferdinand Philipp Hamilton. Der südliche Rote Salon vereinigt Porträts der Besitzer vom Ende des 18. bis Ende des 19. Jahrhunderts. Im Treppenhaus zum zweiten Obergeschoss schaut gestrenge der Ahnherr der Schlossherrschaft aus dem Rahmen, besagter Reichskanzler Hans Ludwig von Ulm.

Die riesige Halle in der nächsten Ebene wird Gerichtshalle genannt; der rote Ziegelfußboden kontrastiert zu der hölzernen Kassettendecke, die der Reichskanzler um 1620 einbauen lässt. Im südlichen Fürstenzimmer hängen die Bildnisse der vorderösterreichischen Landvögte der Markgrafschaft Burgau, ein Ofen von 1713 ist mit figürlichen Szenen der Jagd geschmückt. Der Geistliche Salon erinnert an die Familienmitglieder im Dienst der Reichskirche in Augsburg und Eichstätt und in den Damenstiften Lindau und Sankt Stephan in Augsburg. Altäre, Heiligenfiguren und Gerätschaften füllen den Raum, in dessen Mittelpunkt ein Hauptwerk der süd-

deutschen Plastik aufgestellt ist: der liegende Sankt Alexius, Schlosspatron der Erbacher und Heiliger der Pilger und Bettler, 1513 geschnitzt von Sebastian Loscher, gefasst von Hans Burgkmair.

Die Schlosskapelle, vom Erdgeschoss und vom ersten Obergeschoss zugänglich, ist im Frühbarock erneuert worden. Das Gewölbe überspannt Stuck, das Altarblatt gestaltet 1718 der Augsburger Maler Johann Heinrich Mayer. Die Figuren des heiligen Josef mit dem Jesuskind auf dem Arm und des Barocklieblings Johannes von Nepomuk sind um 1750 geschaffen worden. Zutaten aus der Jetztzeit im Erbacher Schloss sind ein Restaurant im Erdgeschoss und ein Theater im Kellergewölbe.

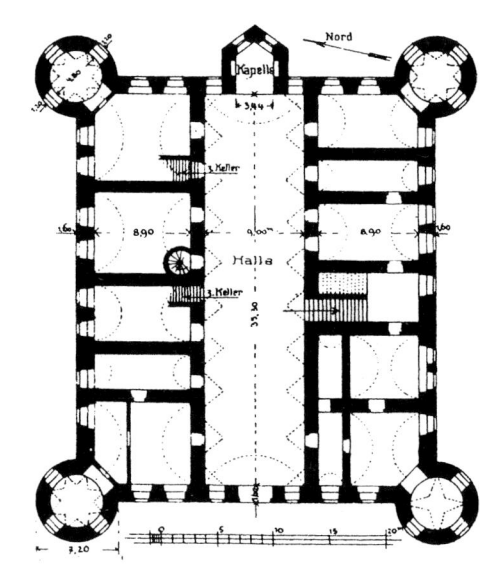

Grundriss des Erbacher Schlosses mit der fast 39 Meter langen Halle; er wiederholt sich in allen Geschossen.

Zwischen dem Rot- und dem Iller-
tal liegt in einer Mulde, die die
Weihung durchfließt, die Gemeinde
Wain. Die Gemarkung ist eine große
Rodungsinsel und allseitig von Wald
umgeben, der zur Schotterterrassen-
Landschaft der Holzstöcke gehört.

In der Dorfmitte – eine Straße läuft
direkt darauf zu – zieht eine gepflegte
Schlossanlage den Blick auf sich: ein
herrschaftliches, zweigeschossiges Haus
mit einem Mittelrisalit samt bekrö-
nendem flachen Giebel. Es liegt leicht
abgehoben in einem mauerumwehrten
Park, der einen alten Baumbestand aufweist. Die freistehenden Flügelbauten
rechts und links vom Hauptbau – ein-
stöckig und mit Arkaden geschmückt
– dienten als Wohnungen der Jäger
und Gärtner.

Dieses Schloss mit seinen wohl ab-
gewogenen Proportionen ließ 1780/81
Freiherr Benedikt von Herman errichten. Seiner Familie gehört es heute noch.
Der Architekt Eitel Friedrich Knoll,
zugleich Stadtbaumeister in Memmingen, schuf das Anwesen vielleicht nach
einem Entwurf des Münchner Hofbaumeisters in dem damals modernsten Stil
des Klassizismus. Im Innern wartet ein
zweiläufiges, prächtiges Treppenhaus
auf erlesene Gäste, die gebührend zu
empfangen sind.

Wer war jener Freiherr Benedikt
von Herman? Einer, der aus einfachen
bürgerlichen Verhältnissen als »Gul-
denmillionär« bis zum niederen Adel
aufgestiegen war. Er wurde 1689 in der
protestantischen Reichsstadt Memmingen geboren, wo sein Vater vermögender
Lochweber und Mitglied des Rats war.
Mit vierzehn Jahren kam der Sohn Benedikt als Lehrling nach Venedig in ein
deutsches Handelshaus. Bereits in den
1730er-Jahren übernahm er – wegen
Krankheit des bisherigen Geschäfts-
führers – das Handelshaus und führte
es zu wirtschaftlicher Blüte. Durch
Gespür und glückliche Spekulationen
gelangte er zu Reichtum und Ansehen
und genoss unbegrenzten Kredit. In
den 1740er-Jahren übernahm Benedikt Herman für die Habsburger die
Bezahlung der italienischen Armee und
wurde dafür mit dem Ertrag der österreichischen Quecksilberwerke entschä-
digt. Im August 1742 erhob ihn Kaiser
Franz I. in den Freiherrenstand.

Um 1770 waren die Staatsfinanzen
der Reichsstadt Ulm ins Wanken ge-
raten, und der Rat der Stadt musste
Besitz und Rechte verkaufen. Für die
gigantische Summe von 432 350 Gulden erwarb Freiherr Benedikt von
Herman die Herrschaft Wain, und für
20 000 Gulden vom Grafen Fugger zu
Kirchberg das Forst- und Jagdrecht.
Der persönlich recht bescheiden lebende Kaufmann war in geschäftlichen
Angelegenheiten streng autoritär. Er
hinterließ nicht nur seiner Familie einen Stammsitz und ein stattliches Ver-

Die klassizistische Front des Schlosses in Wain zum Ort hin, 1780/81 erbaut von Freiherr Benedikt von Herman. Architekt war Eitel Friedrich Knoll.

mögen, sondern er war auch in seiner Heimatstadt Memmingen ein Wohltäter. So stiftete er beträchtliche Beträge für die Kleidung und Verköstigung der Waisenkinder, zum Besten der Pfarrerswitwen, für »Hausarme« und Theologiestudenten. 1784 starb Freiherr Benedikt von Herman hochbetagt.

Seit 1510 gehörte die Ortsherrschaft Wain dem nahen Kloster Ochsenhausen. Zwei Generationen später sehen sich Reichsabt und Konvent wegen einer Finanzkrise gezwungen, das Dorf wieder zu verkaufen. Die etwa 25 Kilometer nördlich gelegene geldmächtige Reichsstadt Ulm ist interessiert, denn die Ratsherren wollen in den Wäldern um Wain – mehr als die Hälfte der weiten Gemarkung ist bewaldet – Bäume schlagen und auf der Iller nach Ulm flößen, um die 10 000 Einwohner mit Bau- und Brennholz zu versorgen. Die

Reichsabtei Ochsenhausen ist katholisch, die Reichsstadt Ulm hat sich mit der Mehrheit ihrer Bürger für die Reformation entschieden.

Im Deutschen Reich ist es längst ausgemachte Sache, dass bei einem Verkauf von Herrschaften und Herrschaftsrechten kein Konfessionswechsel erfolgen darf. Bei Ochsenhausen ist zudem die Zustimmung des Bischofs von Konstanz erforderlich. Beide Parteien wissen Bescheid, und es wird ein Strohmann eingeschaltet, der im Juni 1570 Wain erwirbt und gleich an die Reichsstadt weitergibt: Eustachius von Landfried zum Neuenhaus, katholischer Nürnberger Patrizier und Schwiegersohn des Ulmer Bürgermeisters Eitel Eberhard Besserer. Bald beschließt der Ulmer Rat, Pfingsten 1573 den Priester in Wain zu entlassen und den evangelischen Pfarrer Johann Dürr einzuführen. Das Wappen

Über einem leichten Abhang erhebt sich Schloss Wain mit den frei stehenden, mit Arkaden geschmückten Flügelbauten, dahinter der Park.

der Gemeinde Wain ziert bis heute eine Lutherrose.

Durch Kriegszüge und Pestepidemien ist Mitte des 17. Jahrhunderts die Einwohnerzahl auf unter hundert gesunken, viele Hofstellen sind verödet, alle Einödhöfe leer, zahlreiche Äcker und Wiesen ungenutzt. Nach dem Dreißigjährigen Krieg siedeln sich tausende Schweizer und Österreicher in den entvölkerten Landstrichen des deutschen Südwestens an, immer ordentlich nach der Konfession sortiert. So im Herzogtum Württemberg Schweizer aus den protestantischen Kantonen, und im reichsstädtisch-ulmischen Wain vertriebene Evangelische aus der Steiermark und aus Kärnten. Der Westfälische Frieden von 1648, der auch ein Religionsfrieden ist, bezieht sich nicht auf die habsburgischen Länder Innerösterreichs, wo weiterhin die Gegenreformation betrieben wird.

Nach Wain kommen vor allem Einwohner aus der kärntischen Grafschaft Ortenberg, und hier besonders aus dem Bergbauerndorf Arriach. 1651 werden die ersten in den Kirchenbüchern verzeichnet, die in ihrer Heimat Hab und Gut verkauft haben und im 450 Kilometer entfernten Wain eine neue bäuerliche Existenz aufbauen. 1685 zählt man hier unter 622 Einwohnern mehr als die Hälfte Glaubensflüchtlinge. Für sie hat der Ulmer Rat bereits 1658 in der örtlichen Michaelskirche eine Erinnerung angebracht, die so genannte Exulantentafel. Im Jahr 1950, zur 300-Jahr-Feier der Einwanderung, besuchen einige Gäste aus Arriach Wain, wo noch 200 Personen alpenländische Familiennamen tragen. Seit Anfang des Jahres 1972 gibt es eine Partnerschaft der Ortsgemeinden Arriach und Wain, mit regelmäßigen Besuchen und Gegenbesuchen und auch schon mit Heiraten hin und her.

Laupheim hat gleich zwei Schlösser

D ie Stadt, auf halbem Wege zwischen Ulm und Biberach gelegen, weist zwei Schlösser auf: Großlaupheim und Kleinlaupheim. Das erstaunt und wirft die Frage nach dem Warum auf. Um das zu erklären, muss man sich mit den Herren von Welden beschäftigen, die nach den Herren von Ellerbach von 1582 bis 1840 die örtliche Geschichte bestimmten.

Nördlich von Augsburg haben die Herren de Waldin seit dem frühen 13. Jahrhundert ihren Besitz. Sie sind Dienstmannen der Markgrafen von Burgau und später der Österreicher. Im Hochstift Augsburg agieren sie als Vögte und stellen zahlreiche Domherren. Etliche Generationen wird die Herrschaft Welden vererbt und vermehrt, bis mit Sigmund II. ein katas-

Schloss Großlaupheim besteht aus drei Bauten: rechts das Neue Schloss, dann die Lehensburg und links das Kleine Schlössle (früher Obervogtei, teils auch Witwensitz).

Von links: das Kleine Schlössle, dann der Renaissancebau der Lehensburg, daran angebaut das barocke Neue Schloss und rechtwinklig dazu das Kulturhaus, ein altes Ökonomiegebäude

trophaler Wirtschafter und Schuldenmacher auf den Plan tritt. Nach seinem Tod 1591 sind die Herrschaft und die Güter in der Umgebung nicht mehr zu halten, die Hälfte des Besitzes muss verschleudert werden. Ein entscheidender Knick in der Familiengeschichte, der nur durch die Laupheimer Erbschaft einigermaßen abgemildert wird.

1599 siedelt Karl II. von Welden nach Laupheim über, der einzige noch verbliebene Repräsentant dieses Geschlechts. Dort ist siebzehn Jahre zuvor der Vetter Hans Pankraz von Freyberg – er war mit Anna von Ellerbach verheiratet – kinderlos gestorben. Burg und Dorf Laupheim sind österreichisches Lehen, und schon 1434 hat

Kaiser Sigmund den Ort an des Reiches Straße zum Marktflecken erhoben und die hohe Gerichtsbarkeit verliehen mit dem Recht, »Stock und Galgen« zu errichten. Noch ein wichtiges Faktum muss erwähnt werden: 1562 wird die Reichsritterschaft als Reichsorgan anerkannt. Sie schließt sich regional zu Kantonen zusammen, wobei die Herrschaft Laupheim zum Kanton Donau zählt.

Besagter Karl II. von Welden konsolidiert den Besitz am Vorabend des Dreißigjährigen Krieges, doch 1621 wird alles unter seinen drei Söhnen aufgeteilt. Johann Dietrich, der Jüngste, erhält Hochaltingen im Ries, während sich Karl Philipp, Rat in Neuburg und

Burgau, und Ernst Ludwig, fürstbischöflicher Rat in Augsburg, die Herrschaft in dem Marktflecken teilen und eine Großlaupheimer und eine Kleinlaupheimer Linie begründen. Die Rottum trennt die nicht allzu große, aber fruchtbare Gemarkung und die Bewohner des Orts in zwei Teile und zersplittert zugleich den Kleinstaat. Für jeden Teil ist ein Vogt zuständig.

Nicht alles ist zu trennen, und so bleiben im Gemeinschaftsbesitz das Rathaus, das Waaggewölb, das Armenhaus, die Mühle, der Ziegelstadel, die Badstube, die Jagdrechte im Ried und die Fischerei. Der Wochenmarkt gehört beiden Freiherren, während die Gerichtsbarkeit jährlich wechselt.

Der Urenkel des Freiherren Karl Philipp mit Namen Franz Johann Joseph verzichtet 1712 auf sein Erbe und tritt in den Jesuitenorden ein. Dazu haben ihn hohe Schulden und Lasten aus dem Spanischen Erbfolgekrieg sowie Streitereien mit den Untertanen wegen der Fronleistungen bewogen. Damit erlischt die ältere Großlaupheimer Linie. Durch Vermittlung eines Welden, der Domdechant in Eichstätt und Freising ist, kann die Hochaltinger

Die barock angehauchte Toranlage vor dem Großlaupheimer Schloss, von innen gesehen. Links der Turm der Pfarrkirche Sankt Petrus und Paulus

Die östliche Rückseite des Schlosses Großlaupheim. Hinter dem Neuen Schloss der Renaissancebau mit Mansarddach

Linie den Großlaupheimer Anteil 1723 erwerben.

Die Kleinlaupheimer Linie der Freiherren von Welden ist diejenige, die bis heute besteht, wenn auch aus dieser Familie heute keiner mehr in Laupheim lebt, sondern in München und in den USA. Ernst Ludwig, der Stammvater dieses Zweigs, beginnt bald nach der Teilung auf dem linken Hochufer der Rottum mit dem Bau eines bescheidenen einstöckigen Schlosses, das trotz seiner Flügel eher wie ein Gutshof wirkt. Der Urenkel Joseph Ignaz

(1721–1802) verdient sein Geld durch Herrendienste in Kempten, Augsburg und Eichstätt und profitiert von den Abgaben jüdischer Einwohner, die sich seit 1730 in Laupheim niederlassen dürfen.

1766 lässt er den alten Bau abreißen und in drei Jahren von Johann Georg Specht das heutige helle Schloss Kleinlaupheim aufführen: ein dreigeschossiger Mansardbau mit einfacher Fassade, die nur gegen das Tal hin durch Pilaster gegliedert ist. Bedeutend erheben sich die beiden oberen Etagen – überhöht durch ein gebrochenes Walmdach – über dem Erdgeschoss, das als Sockel behandelt ist. Im Mittelrisalit ein großzügiges Treppenhaus mit doppelläufiger Treppe. Die Inschrift in einer Kartusche über der Einfahrt nennt den Bauherren, zuoberst sitzt ein Glockentürmchen. Anfang des 20. Jahrhunderts hat man einstöckige Anbauten für Kanzleizwecke angefügt.

Seit 1842 wurde das Kleinlaupheimer Schloss als staatlicher Besitz im Innern verändert, interessierte doch nur noch die Nutzung als Verwaltungssitz. Damals waren Oberamt und Amtsgericht darin untergebracht, heute residiert die Polizei in diesem Gebäude.

Schon von Ferne beeindruckt über der Stadt Laupheim, die seit 1869 diesen Titel führen darf, die mächtige Baugruppe des mehrteiligen Schlosses Großlaupheim und der Pfarrkirche Sankt Petrus und Paulus. Die Gebäude stehen auf einer Geländekante, die nach Südwesten ziemlich steil zum Marktplatz hin abfällt, nach Osten aber eben verläuft. Schreitet man die

Straße zum Schloss hinauf, so postiert sich rechts die katholische Pfarrkirche. Die Einfahrt führt über einen lang gestreckten Riegel, der an beiden Enden von Rundtürmen flankiert wird. Keine Spur von barocker Eleganz, eher ein Rest der spätmittelalterlichen Burganlage, die im Bauernkrieg zerstört worden ist.

Im Fortschreiten fasziniert die helle, einfache dreigeschossige Front des Neuen Schlosses mit seinen zehn Fensterachsen und dem Mansarddach. Links daneben – zurückversetzt und nur an der rechten Kante mit dem Neuen Schloss verbunden – die ehemalige Lehensburg aus der Zeit um 1550 mit einem barocken Mansarddach. Ganz links im Neuen Schloss befindet sich die Einfahrt, als sollten auf diese Weise beide Bauten verbunden werden, deren Korridore im Innern korrespondieren. Deutlich abgesetzt und niedriger linker Hand das zweigeschossige Kleine Schlössle, früher Obervogtei, oft auch Witwensitz, eine Art adeliges Ausgedinghaus. Davor die beachtliche Fläche des Rosengartens. Ganz rechts die lange und eindrucksvolle Front eines Ökonomiegebäudes aus der Mitte des 18. Jahrhunderts. Ende des folgenden Jahrhunderts hat es Kilian von Steiner erweitert und in unserer Zeit hat es die Stadt Laupheim zu einem gut frequentierten Kulturhaus umgestaltet.

Die so genannte Lehensburg oder das Alte Schloss, ein großer, dreigeschossiger und verputzter Backsteinbau, der von zwei runden und zwei eckigen Erkertürmen akzentuiert wird, ist im Stil der damals in Oberschwaben geläufigen Adelssitze um 1550 errichtet und

Das Original dieser Tafel am Kleinen Schlössle befindet sich am Spital, 1603 für die Stifterin Anna von Freyberg geschaffen.

um 1680 erneuert worden. 1752 wird das Alte Schloss – im Zusammenhang mit dem Neubau nebenan – noch einmal im Stil der Zeit umgebaut, mit dem Mansarddach und mit einem Treppenhaus mit geschnitzten Treppenläufen versehen.

Das Neue Schloss muss schon einen Vorgänger gehabt haben, wenn auch ein Stein über der Durchfahrt die Jahreszahl 1752 sowie das Wappen des Freiherren Konstantin Adolf von Welden zeigt. Bei Restaurierungsarbeiten traten 1976 überraschend an der Ostseite Rundbogenarkaden aus der Zeit vor 1700 zutage. In der Beletage und darüber erschließen Korridore an der Ostseite die Säle und Räume. Sie sind teilweise umgeformt worden, als Kilian von Steiner Ende des 19. Jahrhunderts das Schlossareal für seine Zwecke umgebaut hat, so durch den Bau einer Brauerei und landwirtschaftlicher Gebäude. Das nördliche Zimmer der Beletage war sein Esszimmer, darin ist bis heute ein nobler Kamin zu sehen.

Als am 8. Juni 1725 die Untertanen in Großlaupheim ihrem neuen Freiherrn huldigen, ist Konstantin Adolf von Welden aus der Linie Hochaltingen gerade einmal zehn Jahre alt. Volljährig steht er im Hofdienst beim Bischof von Eichstätt und beim Kurfürsten von Bayern, später amtiert er als Geheimer Rat und Oberstallmeister beim Fürstbischof von Würzburg. Er kann es sich wohl leisten, die gesamte Schlossanlage Großlaupheim barock zu überformen. Als er 1772 stirbt, übernimmt sein Sohn Schulden in der beachtlichen Höhe von 205 000 Gulden. Seine Gattin Maria Josepha Freiin von Speth zu Zwiefalten kommt 1787 bei der Geburt ihres 15. Kindes ums Leben. Im Nachruf auf ihren Mann steht: »Er war selbstlos und bescheiden. Von dem

»Von Laupheim nach Hollywood« – dieser Raum im Schloss Großlaupheim ist einem großen Sohn der Stadt, dem Filmpionier Carl Laemmle, gewidmet.

Ererbten hat er selbst beinahe nichts genossen, solches nur zur Bestreitung der auf der Familie haftenden Lasten verwertet.«

1805 nimmt Bayern die Herrschaft Laupheim unter seine Hoheit, im Oktober 1806 folgt Württemberg. Constantin Ludwig aus der Großlaupheimer Linie kämpft vergeblich für den Erhalt der Reichsritterschaft, schickt sich jedoch dann in die neuen Verhältnisse und wird Beamter in Bayern. 1829 verkauft die Kleinlaupheimer Linie nach den Lehensgütern auch ihr Allod, ihr Eigentum, an das Königreich Württemberg. Damit endet die seit 1621

bestehende Trennung des Marktfleckens in zwei Hälften, aus Groß- und Kleinlaupheim wird wieder Laupheim. Elf Jahre später erwirbt der württembergische Staat noch den Großlaupheimer Anteil und sorgt auch durch die Überlassung von Grundstücken, dass der zentrale Ort sich ausdehnen und bereits 1842 zum Sitz eines Oberamts aufsteigen kann.

Wesentlich beteiligt daran ist die jüdische Bevölkerung des Orts, mit 650 Köpfen damals die größte Judengemeinde in Württemberg. Zu ihr zählt auch Victor Steiner, der 1843 Schloss Großlaupheim und die dazu-

Schloss Kleinlaupheim an der Rottum: Die Kartusche über dem Eingang nennt den Bauherrn Freiherr Joseph Ignaz von Welden. Architekt war Johann Georg Specht.

In Richtung der Stadt Laupheim leuchtet die helle Front des Barockschlosses Kleinlaupheim, heute Polizeirevier.

Im Jahr 1961 kann die Stadt Laupheim von der Familie Steiner das Schlossareal kaufen. Im Korridor der Beletage wird die Welden-Galerie mit Bildern und Fotografien der Freiherren von Welden zusammengetragen. Nach einer Restaurierung entsteht im Schloss das »Museum zur Geschichte von Juden und Christen«, eine landesweit einmalige Ausstellung, in der das mehr als 200 Jahre während Neben-, Mit- und Gegeneinander von christlicher Mehrheit und jüdischer Minderheit thematisiert wird. Für einen großen Sohn der Stadt, den Juden Carl Laemmle, Filmpionier und Mitbegründer von Hollywood, ist ein eigener Museumsteil mit Kino vorbehalten.

Im Stadtgebiet von Laupheim sind noch zwei Schlossbauten zu registrieren. In **Untersulmetingen** lässt von 1538 bis 1542 auf den Fundamenten einer Burg der Ulmer Patrizier Hieronymus Roth von Schreckenstein einen einfachen Bau errichten: dreigeschossig in Fachwerk mit hohem Satteldach, das weitere vier Ebenen in sich birgt. Mit der Kapelle Sankt Otmar bildet dieses Schloss eine wirkungsvolle Baugruppe. 1730 bis 1732 von der Abtei Ochsenhausen renoviert, werden die Innenräume von Schloss und Kapelle um 1740 unter Abt Benedikt Denzel im Rokokostil erneuert.

In **Obersulmetingen** liegt hoch über dem Rißtal ein anderes ummauertes Schloss der Reichsabtei Ochsenhausen, 1725–27 von Christian Wiedemann anstelle eines nicht vollendeten Vorgängerbaus hochgezogen: ein stattlicher dreigeschossiger Bau über rechteckigem Grundriss, bekrönt mit einer

gehörenden Ländereien kaufen kann. Sein Sohn Kilian besucht die Gymnasien in Ehingen und Ulm und studiert in Tübingen Jura. Er wird danach ein äußerst erfolgreicher Finanzfachmann und Sanierer von Fabriken und Aktiengesellschaften. Auch das Schiller-Archiv und das Schiller-Nationalmuseum in Marbach am Neckar verdanken ihm großzügige Unterstützung. 1885 wird der Geheime Kommerzienrat in den Adelsstand erhoben. Danach lässt Kilian von Steiner (1833–1903) Schloss Großlaupheim im historistischen Geschmack seiner Zeit ausgestalten.

Die Reichsabtei Ochsenhausen errichtet als Herrschaftszeichen 1725–1727 ein Schloss in Obersulmetingen. Hier die barocke Sonnenuhr.

hohen Mansardhaube samt Glocken-türmchen. Auf der Breitseite immer-hin dreizehn Fensterachsen, wobei die mittlere als Risalit herausgehoben und in einem dreistöckigen Aufzugshaus erhöht ist. In der östlichen Hälfte die Kapelle Sankt Ulrich mit barocker Ausstattung und einer Pietà aus dem 14. Jahrhundert. Die Turmlosigkeit soll wohl den klösterlichen Besitz dieses Schlosses andeuten, das gleichwohl ein weltliches Herrschaftszeichen ist.

In Mittelbiberach leben die Zeppelin-Nachkommen

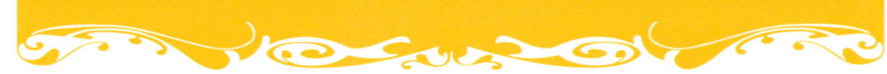

Die Markung von Mittelbiberach grenzt an die Stadt Biberach. Das Straßendorf besitzt auf der Hochfläche eines Bergsporns, den eine Talschlinge des Rotbachs umkreist, seine architektonische Dominante: Schloss und landwirtschaftliche Ökonomiegebäude, Schloss- und Pfarrgarten, Kirche, Pfarrhaus sowie ehemaliges Schul- und Rathaus. Alle Bauten von übergeordneter Bedeutung sind hier erhöht nebeneinander gestellt: Herrschaft – Kirche – Erziehung und Verwaltung. In der barockisierten katholischen Pfarrkirche Sankt Cornelius und Cyprian stehen im Westteil bedeutende Grabplatten für Bernhard Schad und seine Töchter Dorothee und Euphrosyne, um 1600, und man entdeckt auch die Totenschilde zweier Grafen von Brandenstein-Zeppelin aus der Mitte des vergangenen Jahrhunderts.

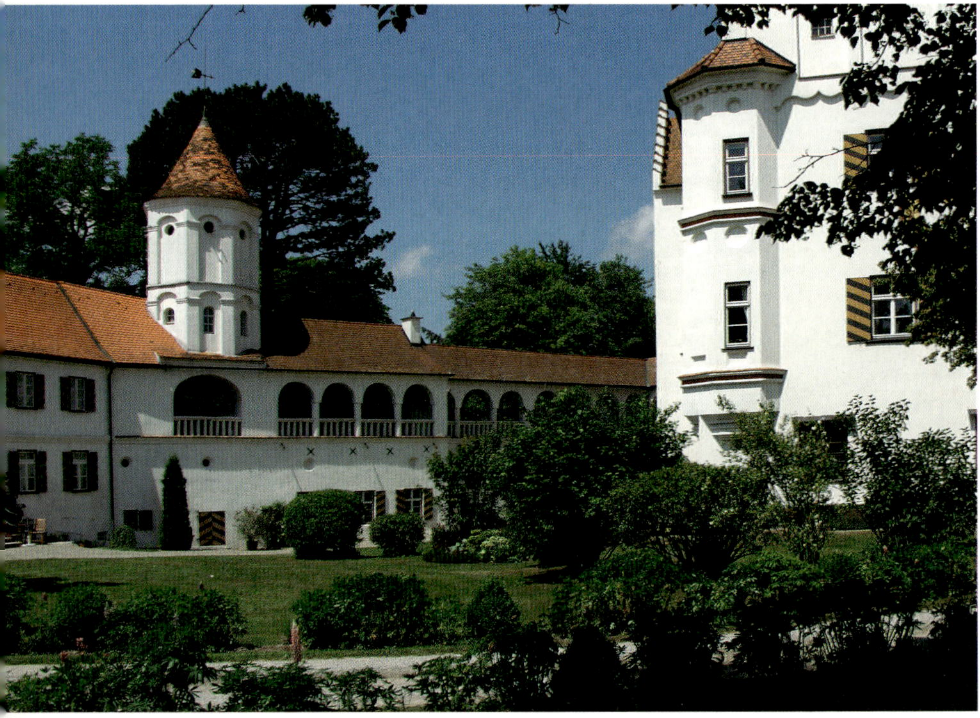

Im Hof rechts das Schloss mit seinem Erkertürmchen, links der alte Torturm, der durch die hohe Ringmauer mit ihrem Laubengang mit dem Schloss verbunden ist.

Das Renaissance-Portal befindet sich an der Ostseite des Schlosses in Mittelbiberach. Unter der neunzackigen Grafenkrone die Wappen des derzeitigen Besitzers (rechts) und seiner Frau, einer Gräfin von Ottenburg. Rechts die wirkungsvolle Schauseite des Schlossbaus

Die Reichsvogtei Mittelbiberach, ein kaiserliches Lehen, das sicher einmal umfangreicher war, umfasste im späten Mittelalter auch noch Oberdorf, Reute und Rindenmoos. Mitte des 14. Jahrhunderts sind die Herren von Stein Inhaber dieses Lehens, danach die Herren von Andelfingen. 1440 verkauft Joseph von Andelfingen die Herrschaft an seinen Vetter Jakob Schad, einen wohlhabenden Biberacher Patrizier. Dazu gehört ein »Bürglin« auf der Höhe und die niedere Gerichtsbarkeit. Rund anderthalb Jahrhunderte, bis 1596, bis zum Tod Bernhards, des letzten der nunmehr ritterschaftlichen Schad zu Mittelbiberach, übt diese Familie die Herrschaft aus. Entscheidend für den Aufstieg der reichen Patrizier zu Reichsfreiherren ist die Gestalt des machtbewussten und einflussreichen

Juristen Dr. Hans Schad, Rat bei Kaiser Maximilian. 1508 erwirbt er den Markt Sulmetingen, 1529 die benachbarte Herrschaft Warthausen, und Hans Philipp Schad kauft 1549 noch das Schloss Obersulmetingen.

Das Schloss in Mittelbiberach stammt in wesentlichen Teilen aus der Schad'schen Zeit. Der kaiserliche Rat Johann Philipp Schad beginnt mit einem Neubau, der seit 1532 »neues Schloss« genannt wird. Um 1580 lässt Euphrosyne von Rechberg, eine geborene Schad, einen weiteren Kasten errichten, der im rechten Winkel zum Neuen Bau steht. Dieser Trakt wird 1857 abgerissen, wenig später wird am Neuen Bau ein Treppenhaus mit Zwerchgiebel angefügt, um die Etagen besser zu erschließen.

Das Mittelbiberacher Schloss ist ein einfacher, dreigeschossiger, verputzter

Blick auf das Schlossareal und die Pfarrkirche (im Hintergrund). Das dreigeschossige Schloss mit seinen Staffelgiebeln ist auf drei Seiten von Ökonomiegebäuden umgeben.

Ziegelbau, wie er damals von Nieder-adeligen vielfach in Auftrag gegeben wird. Das hohe Satteldach mit drei Ebenen rahmen beiderseits Staffelgie-bel. An allen vier Ecken streben schmale polygonale Erkertürmchen empor. An der Schauseite des Schlosses läuft über dem Erdgeschoss ein Fries mit Tonreli-efs und im Giebel sorgen spätgotische Eselsrückenblenden für dekorative Ele-mente. Im Innern an der Nordseite die kreuzgewölbte Schlosskapelle mit spät-gotischen Figuren. Im 18. Jahrhundert wird diese Kapelle im barocken Stil umgestaltet: Joseph Esperlin hat das Blatt des Hochaltars mit der Heiligen Familie gemalt.

Der achteckige ehemalige Torturm von 1560 ist durch die hohe Ringmauer samt oberem Laubengang, die sich auf der anderen Seite fortsetzt, mit dem Schloss verbunden. 1857 – bei den Abbruch- und Umbauarbeiten – wird die alte Toreinfahrt zugemauert und am Ende des Flügels eine neue geschaf-fen. Der zweigeschossige Wandelgang

vor der Westseite des Schlosses ist nach außen hin massiv, dem Hof zu besteht er aus Gewölben und Blendarkaden. In der Verlängerung dieses Bauteils ein Ökonomietrakt mit charakteristischen Staffelgiebeln.

Der ursprüngliche Torturm mit seinen erhaben gemauerten Pilastern und Blendnischen und die Arkaden bringen einen fremdartig-südlichen Akzent in das sonst eher herbe Bild des Mittelbiberacher Schlosses. Man kann vermuten, dass Ursula Thurzo, die erste Gemahlin

des Erbauers Johann Philipp Schad, hier fortschrittlichere Bauformen verwirklicht sehen wollte. Sie stammt aus einer ungarischen Magnatenfamilie, die durch den Bergbau reich geworden ist. Ihr Mann, kaiserlicher Rat und Kämmerer und zeitweilig Landvogt in Burgau, ist 1571 gestorben. Außerhalb des von einer Mauer umgebenen Areals präsentiert sich ein schönes Barockportal als Zugang zu einem Teil des Parks: schmiedeeisernes Gitterwerk mit Ranken und Rocaillen.

Nachdem Bernhard Schad zu Mittelbiberach 1596 als letzter seiner Linie gestorben ist, fallen Reichsvogtei, sonstige Herrschaften und Güter als Kunkellehen und Eigenbesitz über seine Töchter an Hans Heinrich von Neuhausen und an den Reichsvizekanzler Hans Ludwig von Ulm. Nach dem Dreißigjährigen Krieg sind die Freiherren von Ulm alleinige Inhaber. 1922 vererben Max und Helene von Ulm-Erbach Schloss und Rittergut an ihren Neffen Alexander von Brandenstein-Zeppelin, zuvor königlich württembergischer Oberst, Spross eines alten thüringischen Adelsgeschlechts. 1909 hat er Helena (Hella) Gräfin von Zeppelin geheiratet, das einzige Kind des berühmten Luftschiffers Ferdinand Graf von Zeppelin. Daraufhin genehmigt König Wilhelm II. von Württemberg die Namens- und Wappenvereinigung. Die gleichzeitige Erhöhung in den württembergischen Grafenstand gilt über das Ende der Monarchie zu Ende des Ersten Weltkriegs jeweils für den ersten Sohn. Derzeit ist Albrecht Graf von Brandenstein-Zeppelin, ein Urenkel des Luftschiffers, der Schlossherr.

Warthausen: *Wieland verhexte den Grafen Stadion*

Nördlich von Biberach erhebt sich über dem Rißtal auf einer Hangkante – schon von weitem sichtbar – Schloss Warthausen, ein ungleich hoher Winkelhakenbau. Der massige Hauptflügel im Osten misst in der Länge 39 Meter, in der Breite bis zu zwanzig Meter. Über die ganze Länge spannt sich ein mächtiges, vier Geschosse hohes Satteldach, das beidseitig von zwei massiven Treppengiebeln begrenzt wird. An diesen mächtigen Baukörper mit seinen acht Fensterachsen, der im Inneren drei Etagen aufweist, sind talseitig Ecktürme herangeschoben. Sie sitzen auf einem runden Unterbau, dann folgen zwei vieleckige Geschosse unter gedrückten Zwiebelhauben. Das barocke Hauptportal ist leicht außermittig; das Vordach ruht auf vier gusseisernen Säulen auf Sandsteinsockeln aus dem 19. Jahrhundert. Auf dem hofseitigen Dach ein Zwerchhaus mit Treppengiebel. Der nördliche Seitenflügel – neun auf 23 Meter – hat deutlich geringere Abmessungen und bildet zum Hauptflügel hin einen stumpfen Winkel. An der Nordwest-

Schloss und Schlosshof Warthausen über dem Tal der Riß: der wohl letzte Renaissancebau seiner Art in Schwaben.

Durch das vasengeschmückte Schlosstor geht der Blick auf die Front; im Zwerchgiebel ist das Wappen der Freiherren von Ulm zu sehen.

ecke ein weiterer Eckturm, dieses Mal mit einer voluminösen Zwiebelhaube.

Vor dem Hauptportal fällt ein Brunnenschacht auf, der etwa 40 Meter tief bis zum Grundwasserspiegel gegraben ist. Auf der südlichen Hofseite eine turmbesetzte neugotische Wehrgangsmauer. Eine dreibogige Brücke, die den ehemaligen Burggraben überspannt, führt in den weiträumigen Wirtschaftshof mit Remisen, Stallungen, Scheunen, Kornböden sowie dem früheren Ober- und Rentamt, untergebracht in zwei rechtwinklig angeordneten Flügelbauten. Der eingeschossige Nordflügel ist sage und schreibe 90 Meter lang, aufgerichtet Mitte des 18. Jahrhunderts durch den Tiroler »Maurer« Anton Haaf. Durch das zweigeschossige Amts- und Pächterhaus geht die Einfahrt in den Vorhof und dann in den Schlosshof. Westlich davon Obstwiesen mit Terrassierungen, begrenzt durch eine Lindenallee, der Rest des einstigen Schlossgartens.

Den Blickfang bildet hier der Wielandturm, in dem sich der Dichter nur zeitweilig aufgehalten hat. Erst im vorigen Jahrhundert hat sich dieser Name eingebürgert. Es ist ein barocker Wasserturm, der auch als Gartenpavillon gedient hat: eine auf drei Seiten offene Eingangshalle, darüber zwei Geschosse und ein Walmdach. Am Fuß der Bergkante im Rißtal steht ein kleines Pumphaus, das über diesen Turm bis heute die Wasserversorgung des Anwesens garantiert.

Eine Burg muss es an dieser Stelle schon im 12. Jahrhundert gegeben haben, denn es sind edelfreie Herren von Warthausen überliefert. 1325

Schloss Warthausen, gesehen durch das breite Tor im Wirtschaftshof; der Turm rechts des Schlosses stammt aus dem 19. Jahrhundert.

ist die Herrschaft in den Händen der Herren von Waldsee, die sechs Jahre später an die Herzöge von Österreich verkaufen. In der Folge sind die Herren von Hornstein, von Freyberg und von Stein Inhaber der Pfandschaft, die 1476 an die nahe Reichsstadt Biberach veräußert wird. Drei Jahre zuvor hat ein Blitzschlag die Burg eingeäschert. Nachdem die Reformation dort Zulauf erhalten hat, kauft König Ferdinand 1529 die Herrschaft Warthausen zurück und verpfändet sie an seinen Rat Dr. Hans Schad zu Mittelbiberach (siehe da). Dieser lässt 1532 bis 1539 die Burg wieder aufbauen. Am 30. Juni 1543 stirbt Dr. Hans Schad und wird

in der Klosterkirche Elchingen beigesetzt. Er hat vorher noch erreicht, dass die Herrschaft Warthausen in ein erbliches Lehen umgewandelt worden ist. In der Neujahrsnacht auf das Jahr 1622 brennt das ganze Anwesen durch eine Unachtsamkeit im Pferdestall völlig aus. 1695 erlischt mit Leopold das Geschlecht der Schad von Mittelbiberach, Österreich zieht Warthausen als erledigtes Lehen wieder ein.

Noch zu Beginn des Dreißigjährigen Krieges haben die Schad von Mittelbiberach ihr Schloss neu erbaut, der wohl letzte Renaissancebau dieser Art in Schwaben, noch in der Tradition des Kastenbaus. Die Front im Norden und

Osten sitzt auf der mittelalterlichen Ringmauer, die eine Stärke von 1,6 bis 2,2 Meter aufweist. Die Baudaten reichen von 1622 bis 1627, die Bäume für das riesige Dach sind in den Jahren 1625 bis 1627 gefällt worden.

Im Erdgeschoss haben Haupt- und Seitenflügel keine Verbindung, ein Zugang ist nur über den Hof möglich. Vom Hof her bestehen drei Werksteintore, das nördliche, mittlere und südliche Portal, das in die Schlosskapelle führt. Hinter dem Haupteingang erstreckt sich eine längliche Eingangshalle, die 1720 mit Stuck verziert worden ist. Die Räume im Erdgeschoss sind samt und sonders mit Kreuzgratgewölben überzogen. Nicht so die flachgedeckte Kapelle, die seit Beginn des 18. Jahrhunderts die Verherrlichung Mariens zeigt.

Direkt neben dem Hauptportal und parallel zur Hoffront eine zweiläufige, mäßig ansteigende Treppe mit breitem Wendepodest, die das gesamte Schloss erschließt. Die Stuckarbeiten mit Blattknospenreihen, Blumen-, Frucht- und Rankenwerk sowie Medaillons mit den stadionschen Wappen und allegorischen Darstellungen tragen die Jahreszahl 1710. Trotz der geringen Abmessungen wirkt dieses Treppenhaus festlich und großzügig.

Im Erdgeschoss des Hauptflügels ist die Raumeinteilung des frühen 17. Jahrhunderts erhalten, das erste Obergeschoss ist im frühen 18. Jahrhundert und später verändert worden. Ein Flur öffnet die Etage in der ganzen Breite, in die Räume führen meist doppelflügelige Türen. In der Mitte der Saal mit drei Fensterachsen. Der Seitenflügel ist durch einen schmalen Gang an der Hofseite erschlossen.

Die Innengliederung des zweiten Obergeschosses entspricht weitgehend der darunterliegenden Etage. Der Saal ist stuckiert, die angrenzenden zwei Räume in Richtung Nordostturm sind im 19. Jahrhundert zur Bibliothek mit etwa 7000 Bänden umgeformt worden. Am Südende des Ganges ist ein Vorraum, geschmückt im späten 18. Jahrhundert, der den Zugang zum Stadionsalon ermöglicht und mit klassizistischer Schablonenmalerei sowie grazilem Mobiliar und zahlreichen Porträts überrascht. Im Turm das so genannte Porzellankabinett im lichten Weiß-Grün mit einem marmornen Kamin und Fayencekonsolen an den Wänden. Im Seitenflügel befindet sich unter anderem das Wielandzimmer mit einer Darstellung des Starts der Montgolfière 1783, den Graf Franz Konrad von Stadion im Auftrag des Mainzer Erzbischofs zu beobachten hatte.

Über der Beschreibung der Innenausstattung haben wir die Fortschreibung der Besitzer von Schloss und Herrschaft Warthausen vernachlässigt. Schon bevor der letzte Schad von Mittelbiberach gestorben ist, belehnt 1693 Kaiser Leopold I. Johann Philipp von Stadion mit Warthausen, sieben Jahre zuvor zum Reichsfreiherrn erhoben. Er entstammt dem Ortsadel von Oberstadion, nur zehn Kilometer entfernt, der sich schon früh in österreichische Dienste begeben hat und sich bald in verschiedene Linien spaltet. Dieser Adelige macht am Hof in Würzburg Fortune und heiratet in zweiter Ehe Maria Anna von Schönborn, deren

Bruder Franz Lothar Erzbischof von Mainz ist und ihn zum Kammerpräsidenten – zum Regierungschef – und zum bevorzugten Diplomaten macht. Die Stadion sind gleichfalls in Böhmen begütert und erwerben mit Unterstützung der Habsburger Besitzungen in Schwaben, so auch die reichsunmittelbare Herrschaft Thannhausen, mit deren Hilfe sie, nach der Erhebung in den Reichsgrafenstand durch Kaiser Joseph I., ins schwäbische Grafenkollegium aufgenommen werden. Später kommt noch Bönnigheim als mainzisches Lehen dazu.

Johann Philipp von Stadion (1652 bis 1742) hat den finanziellen Rückhalt, das Innere des Baukörpers grundlegend zu barockisieren. Für ihn sind der Ehinger Maurermeister und Bildhauer Johann Wiedemann und seine Söhne Christian und Johann Georg von 1707 bis 1713 tätig. Sie fertigen das Hauptportal und vergrößern alle Fenster, bauen das Treppenhaus und stuckieren.

Danach tritt Graf Friedrich von Stadion das Erbe an, damals schon 51 Jahre alt, Geheimer Konferenzminister und Großhofmeister in Mainz, ein Vertreter der gemäßigten katholischen Aufklärung. 1761 zieht er sich nach Warthausen zurück und begründet mit einer kleinen, aber anspruchsvollen Hofhaltung einen Musenhof. Dazu zählen der Maler Johann Heinrich Tischbein d. Ä., der voreheliche Sohn des Grafen Georg Michael Frank genannt La Roche und dessen Frau Sophie geborene Gutermann, zuvor mit dem Biberacher Ratssekretär Christoph Martin Wieland verlobt. Sie dient dem Grafen als Vorleserin und wird später eine erfolgreiche Schriftstellerin, die 1771 mit der »Geschichte des Fräuleins von Sternheim« den ersten deutschen Frauenroman veröffentlicht.

Johann Philipp (1763–1824), ein Enkel des Musenhof-Stadion, tritt als gebildeter Mann in österreichische Dienste, wird Gesandter in Stockholm, London und St. Petersburg und amtiert seit 1814 in Wien als Finanzminister. 1806 gelangt Warthausen, wo er Kindheit und Jugend verbracht hat, an das Königreich Württemberg; er ist nun österreichischer und württembergischer Untertan. Als Gegner Napoleons steht Graf Johann Philipp in schärfster Opposition zu König Friedrich. Dieser lässt 1809 die Güter verschiedener Adeliger, die sich nach Wien orientiert haben, konfiszieren und Warthausen sogar unter Zwangsverwaltung stellen. Das gesamte Mobiliar wird nach Stuttgart transportiert, alles Eisen – Öfen, Herde und Beschläge – nach Wasseralfingen. Nach dem Tod des Vaters übernimmt der älteste Sohn das Erbe, auch Warthausen, das er 1826 mit den etwa 2800 Untertanen an König Wilhelm I. verkauft.

Damit kann das nächste Kapitel aufgeschlagen werden, über dem steht: die Freiherren von Koenig zu Warthausen. Die Familie stammt aus Norddeutschland und Sachsen, wo ein Zweig schon Ende des 16. Jahrhunderts nobilitiert wird. Ein anderer Zweig zieht später ins Elsass, von dort wird ein Koenig Geistlicher in Esslingen, andere treten in württembergische Dienste. 1828 kann Wilhelm Friedrich mit dem Vermögen seines Onkels, der als Bankier in

Die Einfahrt in den geräumigen Wirtschaftshof – der eingeschossige Flügel links ist sage und schreibe 90 Meter lang – erfolgt durch das frühere Rentamt.

Amsterdam erfolgreich war, das Rittergut Fachsenfeld bei Aalen erwerben. Er hilft seinem jüngeren Bruder Friedrich August Karl, am 14. Februar 1829 das leere Schloss Warthausen vom Staat zu ersteigern. Sechs Jahre zuvor hat König Wilhelm I. der Familie Koenig den Titel Freiherr verliehen. Der studierte Land- und Forstwirt hat eine reiche Lübeckerin geheiratet und mit deren Mitgift Warthausen neu ausgestattet. In den nächsten Generationen sind etliche Sammler und Bibliophile, ein Kammerherr und Abgeordneter, ein Ornithologe und eine Genealogin; sie alle haben eine musische Atmosphäre im Schloss gepflegt. 1985 gehen Schloss und Gutsbetrieb käuflich an die Freiherren von Ulm zu Erbach über.

Die Familie von Koenig hat letztendlich das Schloss in seine heutige Form gebracht; dazu gehört auch der sofortige Abbruch des schmalen Südflügels. Von 1845 bis 1847 werden die Räume im Erdgeschoss nach Entwürfen des Stuttgarter Hofbaumeisters Karl Ludwig Zanth von örtlichen Kräften eingerichtet, Türen werden gebrochen, rechteckige Fenster eingesetzt, wo Okuli waren, Täferungen, Wandkästen, Ornamente und Malereien geschaffen. 1861 wird das erste Obergeschoss neu eingerichtet, vor allem die talseitigen Zimmer erhalten neue Böden, Tapeten, Mobiliar und Malereien im klassizistisch-maurischen Stil. Zwanzig Jahre später steht der Ausbau der Bibliothek im zweiten Obergeschoss an.

Ummendorf – *Patrizier-Bau, von Äbten bewohnt*

Südlich von Biberach erstreckt sich auf einer Altmoränenplatte im breiten Rißtal die selbstständige Gemeinde Ummendorf. In der südlichen Biberacher Straße bilden die barocke Pfarrkirche Sankt Johannes Evangelista und das gegenüberliegende Schloss die architektonischen Akzente des Ortskerns. Der weite Schlossgarten, in dem das Gebäude deutlich von der Straße abgesetzt ist, wird vollständig von einer Mauer umschlossen.

Warum erhebt sich ein Schloss in diesem Ort, der bis zur Säkularisation zur Reichsabtei Ochsenhausen gehörte? Weil der kaiserliche Rat und

Augsburger Patrizier Matthias Manlich am 20. Juli 1554 dem damals in Geldnöten steckenden Kloster Weißenau das Dorf Ummendorf abkaufen kann, um seinen Handelsgewinn wertsicher in Grund und Boden, in Rechten und Gülten anzulegen. Der reiche Großhandelskaufmann exportiert Strick- und Webwaren aus Oberschwaben über Venedig, wo eigene Schiffe ankern, nach Syrien und Palästina und führt im Gegenzug Seide und Spezereien ein. Zielstrebig baut er die Ortsherrschaft aus, leiht wie die Welser und Fugger Kaiser Karl V. Geld und hofft auf die Erhebung in den Adelsstand.

Zu einem standesgemäßen Auftreten gehört selbstverständlich ein Schloss. Wohl von 1558 bis 1562 wird der dreigeschossige Rechteckbau errichtet, wofür der Patrizier Manlich in den Lehmäckern eine Ziegelbrennerei schafft. Als Baumeister wird Hans Holl beauftragt, der Vater des berühmten Renaissance-Architekten Elias Holl. Dafür spricht die auffallende Gleichheit der Dachstuhl-Konstruktion des Augsburger Rathauses und des Ummendorfer Schlosses. Über dem Korbbogenportal erhebt sich im Dachbereich ein Giebelhäuschen mit Aufzug. Das Erdgeschoss überwölbt er mit breit gelagerten Rippen, die innen auf wuchtigen Pfeilern ruhen. Die zwei Obergeschosse mit ihren Sälen weisen flache Holzdecken auf. In den acht Fenster-

Die Südseite von Schloss Ummendorf mit einem der zwei Rundtürme; oben auf dem Giebel ein Storchennest

Im weiten, ummauerten Hofgarten erhebt sich Schloss Ummendorf, erbaut von Hans Holl wohl zwischen 1558 und1562, dahinter der Musikpavillon.

achsen sind die Fenster im unteren Saal erhöht. An der der Straße abgewandten Westseite fügt der Baumeister an den Ecken Rundtürme an, die durch Pilaster und Stichbogenblenden gegliedert sind. Diese Verblendungen wiederholen sich durch drei Geschosse in den beiden seitlichen Giebeln.

Am 17. Januar 1559 stirbt Matthias Manlich, der die Erhebung in den Adelsstand nicht mehr erlebt hat, erst seine Nachkommen können sich darüber freuen. Sie haben jedoch kein Interesse an der Ortsherrschaft und an dem Schloss Ummendorf und verkaufen beides 1565 an die Reichsabtei Ochsenhausen. In der Übertragungsurkunde heißt es: »Item verkaufen wir den schönen neuerbauten Ziegelstadel«, also den herrschaftlichen Bau.

Von Ummendorf aus wird ein Teil des klösterlichen Besitzes verwaltet, das Schloss dient aber auch Äbten, die auf ihr Amt verzichtet haben, als Ruhesitz. Im frühen 17. Jahrhundert beherbergt das Gebäude eine Zeit lang eine benediktinische Hochschule samt Novizenhaus. 1604 werden Seitentrakte angebaut, und ein Kirchgang ermöglicht den Prälaten, trockenen Fußes und Hauptes vom Schloss über die Straße in die Kirche zu gelangen. Auch der letzte Vorsteher der Reichsabtei Ochsenhausen, Abt Romuald Weltin, zieht sich 1803, nach der Aufhebung seines Klosterstaats, hierher zurück. Nach ihm ist der obere Saal benannt.

In der Barockzeit wird das Anwesen außen und innen neu gestaltet. Außen wird auf den Breitseiten Architektur-

Die barock bemalte Westseite des Ummendorfer Schlosses, die Rundtürme, der Südgiebel und – auf der gegenüberliegenden Straßenseite – der Turm der Pfarrkirche

malerei aufgebracht, innen verzieren – wohl um 1740 – Gaspare Mola mit Stuckarbeiten und Franz Xaver Forchner mit Deckenmalereien die Räume. Mola, der auch in Ochsenhausen, Wiblingen und der Ummendorfer Johannes-Kapelle tätig war, hat vor allem das Treppenhaus verschönt, der Dietenheimer Forchner die 1723 eingezogenen Holzdecken im Fürstensaal im ersten Obergeschoss. 7 mal 9 Felder hat er mit Ornamenten ausgeschmückt, in der Mitte eine Ortsansicht mit Kirche und Schloss. Eine Etage höher im Abt-Weltin-Saal finden wir zentral eine Darstellung der vier Jahreszeiten. Zum Herbst gehört die Weinlese mit einem Weinfass in der Mitte, gerade dort, wo der Abt bei festlichen Anlässen an der Tafel saß.

Mit der Säkularisation von Ochsenhausen fällt auch Ummendorf an die Fürsten von Metternich, die 1825 diesen Besitz an das Königreich Württemberg verkaufen. Im Mai 1829 werden die beiden Seitenflügel, die Arkaden, Torhäuschen und Torbogen sowie der gedeckte Kirchgang als überflüssig abgerissen, wodurch ungewollt die ursprüngliche Gestalt des Renaissancebaus wiedergewonnen wird. In dem heute einfach gehaltenen Schlossgarten bleibt an der westlichen Mauer ein zweigeschossiger Musikpavillon mit Mansarddach erhalten, in dem Forchner gleichfalls gemalt hat. Bis 1984 wohnte der katholische Pfarrer im Schloss, das als Landesbesitz jetzt von der Fachhochschule Biberach genutzt wird, ebenfalls von der Gemeinde.

Waldburg – Landmarke und Hort der Reichskleinodien

Ungefähr acht Kilometer östlich von Ravensburg und Weingarten sind hinter dem Altdorfer Wald schon von Ferne die hellen Bauwerke der Waldburg zu erkennen. Sie thronen auf einer Erhebung, die mit ihren 772 Metern zu den höchsten in Oberschwaben zählt. Die Eiszeiten haben dieses Land mit ihren Gletschern überformt; aus der Würmeiszeit stammt die Seitenmoräne, die dort einen allein stehenden Bergkegel bildete, wo heute die Waldburg steht. Der Weg hinauf ist so steil, dass ihn kein Fuhrwerk bewältigen kann, bestenfalls auf dem Rücken eines Pferdes ist es möglich, den Burghof zu erreichen. Wegen dieser exponierten Lage fehlen auch befestigte Vorwerke.

Nach 1100 erhalten die älteren Waldburger von den Welfen ein Lehen am Südrand des Altdorfer Walds; sie roden das Land, legen das Dorf Wald-

Auf einem Moränenhügel leuchtet hell ins Oberland die Waldburg: Palas mit Plattform, Kapellenturm und Gesindehaus (im Vordergrund).

»Wo bleiben die Besucher?« Ein Hund bewacht den Eingang zum Palas, zum heute museal ausgestalteten Wohnhaus.

hen diese Gefolgsleute bei Kaiser Friedrich II. standen, zeigt zwei Jahre später die Verfügung, Truchsess Eberhard und sein Neffe Schenk Konrad von Tanne-Winterstetten sollen in Schwaben das staufische Hausgut und den Reichsbesitz verwalten und seinen Sohn, den nachmaligen König Heinrich (VII.), beraten. Truchsess war eines der vier alten Hofämter mit der Aufgabe, die Tafel zu beaufsichtigen.

Es gibt noch weitere Belege für die kaiserliche Gunst und Wertschätzung. So wird den Waldburgern das staufische Wappen – es ist auch das des Bundeslandes Baden-Württemberg – verliehen: drei übereinander schreitende schwarze Löwen auf gelbem Grund. Und 1220 werden den Waldburgern die Reichskleinodien – Krone, Zepter, Schwert, Reichsapfel und Löwenmantel – anvertraut, die sie mehr als zwei Jahrzehnte lang auf ihrer Burg hüten. Da die Reichskleinodien ein verehrungswürdiges Heiltum sind, werden sie in einer Kapelle, die vielleicht an der Stelle der heutigen Burgkapelle stand, von Mönchen aus dem nahen Kloster Weißenau verehrt und bewacht.

Nach dem Untergang der Staufer gelingt es den Waldburgern, reichsunmittelbar zu bleiben, in den Hochadel einzuheiraten und in der Folge ein beträchtliches Herrschaftsgebiet zusammenzubringen. Im 18. Jahrhundert werden sie in Oberschwaben nur von den Fürsten Thurn und Taxis übertroffen. Wie andere Familien teilen auch die Waldburger oft ihren Besitz, obwohl immer wieder Nachkommen als Domherren mit kirchlichen Pfründen »versorgt« werden. Im Jahr 1429 wird sogar

burg an und bauen ihre namengebende Burg. Nachdem die Welfen 1164 ihren Besitz rund um Weingarten und Ravensburg an die Staufer verkauft haben, wechseln die Waldburger als Ministeriale, als Dienstmannen, zu dieser Herrscherfamilie. Als 1208 Philipp von Schwaben in Bamberg ermordet wird, steht ihm Heinrich von Waldburg bei und wird schwer verwundet. Die erste Linie der Waldburger wird von den verwandten Herren von Tanne (Alttann) beerbt, die sich dann seit 1219 nach der Waldburg benennen. In welchem Anse-

gedrittelt: in die eberhardische Linie (Wolfegg, Scheer), die 1511 erlischt, in die jakobische Linie (Trauchburg und später Scheer), die 1772 ausstirbt, und in die noch bestehende georgische Linie.

Damit noch nicht genug der Teilungen. 1595 entstehen die Linien Wolfegg und Zeil, die sich 1672 wiederum in Wolfegg-Wolfegg – erloschen 1798 – und Wolfegg-Waldsee sowie Zeil-Zeil und Zeil-Wurzach – erloschen 1903 – aufspalten. 1803 werden dann die heute noch blühenden Linien Waldburg-Wolfegg-Waldsee und Waldburg-Zeil-Trauchburg, seit 1628 Reichsgrafen, in den Stand der Reichsfürsten erhoben.

Vom Ort Waldburg führt der Burgweg steil hinauf zum zinnenbekrönten Eingangstor und weiter zu einer relativ kleinen Bergkuppe, auf der nur drei Bauwerke Platz haben: das Wirtschaftsgebäude, der schlanke Kapellenturm und der hoch aufragende Palas. Das Ganze ist von einer Ringmauer umzogen. Um 1200 entstanden die ältesten Teile der Anlage: die Kapelle, halb so hoch wie heute, und der Palas, der Wohnbereich. Die Eckbuckelquader, die sich bis zum zweiten Obergeschoss hochziehen, bezeugen diese Bauphase der Stauferzeit. Im 14. Jahrhundert wird die Kapelle auf ihre heutige Grundfläche und auf ihre jetzige Höhe erweitert, 1401 wird der Palas erhöht.

Entgegen der weit verbreiteten Meinung, die Waldburg sei im Bauernkrieg zerstört worden, muss betont werden, dass die Anlage damals unversehrt geblieben ist. Die Stammburg brennt! Das wäre die richtige Folie für den »Bauernjörg«, für Georg III. von

Rast im Hof der Waldburg. Vorne die vierstöckige Front des Palas, dahinter der schlanke Kapellenturm

Waldburg (1488–1531), der 1524/25 im Auftrag des Schwäbischen Bundes den Aufruhr der bäuerlichen Untertanen blutig niederschlug, als Anführer waffenerprobter Landsknechte, die zuletzt bei Böblingen den württembergischen Bauernhaufen zusammenschlugen. Ein Jahr danach verleiht Kaiser Karl V. dankbar der Familie den Titel: Reichserbtruchsess.

Mitte des 16. Jahrhunderts baut sein Sohn Truchsess Georg IV. das Steinhaus im Innern vollständig um, damit er als Renaissancefürst darin wohnen und repräsentieren kann. Das Eingangsportal in der Mitte der Fassade erhält einen reliefierten Sandsteinrahmen mit Pilastern und einem Bogenschluss mit Blattdekor. Ein Wendeltreppenturm erschließt die vier Stockwerke, die nach dem Erdgeschoss regelmäßig gegliedert sind: mittlings ein breiter Flur, zu beiden Seiten Wohnräume, die bei Bedarf nochmals geteilt sind. Drinnen und draußen verbinden sandsteingefasste Kreuzstockfenster.

Im Erdgeschoss war das Personal und die Verwaltung untergebracht, im vornehmen ersten Obergeschoss liegt der repräsentative Rittersaal (1568) mit umlaufenden Wandtäfer und plastischer Holzfelderdecke. In den zwei höheren Stockwerken befinden sich weitere Stuben und Kammern mit hölzernen Türrahmen und Wandverkleidungen und teils aufwändigen Holzdecken. Einen gewissen Komfort und hygienischen Fortschritt stellt der Abortturm an der Westfassade dar, der in jedem Stock von der hofseitigen Kammer zugänglich ist. Im Gegensatz zur Stube waren die Kammern nicht beheizt. Im zweiten Obergeschoss sind Palas und Kapellenturm durch einen gedeckten Turm ver-

Der Verbindungsgang von Palas und Kapelle im zweiten Obergeschoss; unter dem Bogenfries sind Wappen hochadeliger Familien zu erkennen.

bunden. In dem südlich vom Steinhaus gelegenen Wirtschaftsgebäude waren Küche, Bäckerei und andere Ökonomieräume untergebracht.

Truchsess Georg IV. wohnte nicht mehr ständig auf der Waldburg, sondern lieber in dem leichter zu erreichenden neuen Wasserschloss am Rande von Waldsee. Sein Sohn Jakob erbaute sich ab 1578 Schloss Wolfegg, sodass die Stammburg nur noch gelegentlich aufgesucht oder als Zufluchtsort genutzt wurde. 1632 plünderten die Schweden die Burg, ohne größere bauliche Schäden anzurichten. Ende des 17. Jahrhunderts ersetzte man das undicht gewordene Krüppelwalmdach des Palas durch das heute noch vorhandene Satteldach. Wenig später erhielt das Hauptgebäude eine farbige Bemalung, von der Reste an der Ostfassade zu sehen sind.

In der Barockzeit wurde die Kapelle von Johann Georg Fischer, einem damals in allen Kirchen und Schlössern der Waldburger eingesetzten Architekten, im Jahr 1728 neu gestaltet. Die Fenster wurden erweitert, die Decke und die Emporenbrüstung wurden mit Stuckdekor verziert. Im Deckengemälde stellte Franz Gabriel Roth die heilige Walburga dar. Zur Ausstattung gehört eine frühbarocke Muttergottes mit Kind sowie der Altar, dessen Mittelschrein spätgotisch, sonst neugotisch ist. Aus dem 19. Jahrhundert stammen auch die Skulpturen der Heiligen Walburga, Willibald und Wunibald, die in der Gegenreformation zu Schutzheiligen des Hauses Waldburg erwählt worden sind.

Die Linie Wolfegg-Wolfegg stirbt 1798 im Mannesstamm aus, seit-her gehört die Stammburg der Linie Waldburg-Wolfegg und Waldsee. Sie öffnet das Anwesen für Wanderer und Geschichtsbegeisterte, und jahrzehntelang war ein Besuch der Waldburg ein Standardprogramm der Schulausflüge im weiten Umkreis. Daher war die Enttäuschung im Oberland groß, als die Burg wegen baulicher Mängel geschlossen wurde. Sie wird dann mit Unterstützung durch den Landkreis Ravensburg und das Land Baden-Württemberg saniert, die Dächer werden repariert und die Mauern – wo nötig – mit Stahlseilen gesichert. Seit dem Sommer 1996 ist die Waldburg wieder für jedermann zugänglich. Im Palas ist in den musealen Räumen ein Museum entstanden, das die 800-jährige Geschichte des Hauses Waldburg verdeutlicht und bedeutende Vertreter dieses Hochadelsgeschlechts vorstellt, so Kardinal Otto Truchsess von Waldburg, der als Bischof von Augsburg 1555 die Universität Dillingen gründete und sie den Jesuiten übertrug.

Man kann im Hauptgebäude bis zu einer Aussichtsplattform auf der westlichen Giebelseite hinaufsteigen. Nachdem König Wilhelm I. von Württemberg 1818 gnädigst befohlen hatte, sein Land zu vermessen, diente diese Plattform als trigonometrischer Punkt, vor allem bei der Bestimmung der Höhe. Dem Besucher von heute bietet sich von dort oben ein herrlicher Ausblick über das von den Eiszeiten geformte Oberschwaben, den Bodensee und die Kette der Alpen, vom Zugspitzmassiv über die Allgäuer Alpen hinüber zum Säntis und bis ins Berner Oberland.

Wolfegg – ein Renaissancebau mit riesigem Rittersaal

Die mächtige, rechteckige Vierflügelanlage des Wolfegger Schlosses mit vier erhöhten Eckpavillons, die nur an der Schmalseite aus der Front vorspringen, erhebt sich auf einem Bergrücken in 674 Meter Höhe. Im 12. und 13. Jahrhundert hatten hier die Herren von Wolfegg ihre Burg, die dann an die Truchsessen von Waldburg überging. Sie bauten die Burg in spätgotischer Zeit zu einem Schloss mit reichlich Fachwerk aus, das im Februar 1578 durch einen Kaminbrand in Schutt und Asche sank. Der damals in Wolfegg lebende Truchsess Jakob der Dicke war mit Gräfin Johanna von Zimmern verheiratet, deren Vater Graf Froben Christoph die berühmte »Zimmerische Chronik« verfasst und das vierflügelige Meßkircher Schloss erbaut hatte, ein früher Renaissance-Reflex in Schwaben. Es ist erwiesen, dass sein Baumeister Jerg Schwarzenberger auch in Wolfegg tätig war, in der Bauphase von 1580 bis 1583. Er schuf ein dreigeschossiges Beinahequadrat, in den Ecktürmen noch einen Stock höher.

Keine 70 Jahre später wurde dieser Bau ein Raub der Flammen, dieses Mal aber vorsätzlich gelegt. Reichserbtruchsess Graf Maximilian Willibald kämpfte im Dreißigjährigen Krieg als kaiserlicher Feldmarschallleutnant gegen die Schweden, und er verteidigte gegen sie erfolgreich die Städte Konstanz und Lindau. Am 28. Dezember 1646 steckten Soldaten des schwedischen Generals Wrangel das Wolfegger Schloss in Brand, nur die Bauten der Vorburg blieben erhalten. Der Schlossherr ließ unverzüglich das aus-

gedehnte Anwesen wieder überdachen, um weiterem Verfall vorzubeugen. So sind im ersten Stock alte Holzdecken auf uns gekommen.

Die Aufteilung im Innern ist in allen größeren Schlössern gleich oder ähnlich. Im Erdgeschoss liegen die Nutz- und Diensträume, im ersten Obergeschoss unter anderem die Gästeappartements, im zweiten Obergeschoss die Wohnräume des gräflichen Paares und vor allem die Repräsentationsräume: im Norden der Bankettsaal und das Gobelinzimmer, im Westen, die gesamte Länge und Breite des Flügels einnehmend, der Rittersaal. In drei von vier Ecken bestehen Stiegen, wie man früher sagte, meist als flachstufige Reitertreppen ausgebildet. Um dem Rittersaal höhere Proportionen zu geben, hat man die Decke ins Dachgeschoss hochgezogen, sodass dieser Raum die anderen im zweiten Obergeschoss um ein Drittel überragt.

Auf einer Bergkante erhebt sich das kastellartige Renaissanceschloss Wolfegg; hinter den hohen Fenstern und den Okuli befindet sich der Rittersaal.

Innenhof von Schloss Wolfegg. Die markante rot-weiß-graue Bemalung mit Steinquadermustern stammt aus der Militärarchitektur.

Im ersten Stock haben im frühen 18. Jahrhundert Johann Schütz und Johann Jakob Herkommer zarte Stuckdecken geschaffen sowie Franz Georg Hermann und Franz Joseph Spiegler die Deckengemälde erstellt. Um 1870 wird im Nordostflügel eine Raumfolge in historistisch-eklektizistischer Weise ausgestattet, zugleich wird die Schlosskapelle eindrücklich zu einer neugotischen Einheit umgeformt.

Im völlig zerstörten zweiten Stock beginnt in den 1690er-Jahren der Wangener Stuckateur und Bildhauer Kaspar Krimmer – er hat auch im Schloss Achberg die Decken geschmückt – mit der frühbarocken Ausstattung. Gut eine Generation später ist Johann Georg Fischer – wir finden ihn auch in Kißlegg und Bad Wurzach – seinem Auf-

traggeber ein guter Berater. Von 1733 bis 1742 baut er für Graf Ferdinand Ludwig die Stiftskirche neu, die heutige Pfarrkirche Sankt Katharina und Franziskus. Auch die Mariensäule vor dem Schloss geht auf eine Skizze von Fischer zurück.

Der Bankettsaal, in dem früher getafelt, musiziert und Theater gespielt wurde, wirkt wie ein Renaissanceraum, obwohl er im Frühbarock entstanden ist. Dieses Gefühl bewirken wohl die altschwäbischen Schränke an den Wänden, von denen mancher ins 16. Jahrhundert gehört, und die zahlreichen Gemälde deutscher, niederländischer, spanischer und italienischer Herkunft. Die vielen holländischen Kunstwerke hat vermutlich die Gattin Max Willibalds eingebracht, eine Herzogin von

Arenberg aus den Niederlanden und selbst Malerin. Der Kriegsmann und hohe Verwaltungsbeamte in kaiserlichen und später bayerischen Diensten hat seiner Familie und der interessierten Öffentlichkeit ein Kupferstichkabinett hinterlassen, eine unglaublich reichhaltige grafische Sammlung von Drucken und Zeichnungen. Mit 120 000 Blättern, das heißt ebenso vielen kleinen Kunstwerken, gilt dieser Schatz als größte private Sammlung dieser Art neben der der Königin von England.

Durch das Gobelinzimmer gelangt man dann in den Rittersaal, der in seinen Ausmaßen von 52 Meter in der Länge, 14 Meter in der Breite und neun Meter in der Höhe überwältigt. Zu beiden Seiten je zehn Fenster, und darüber halbovale Okuli; an den Stirnseiten je zwei Kamine. Balthasar Krimmer legt im Dezember 1691 ein Angebot vor, in dem er seine Vorstellungen für den Hauptbau mitteilt: mit »inwendigen 2 grossen Porthal, worauf 2 Leuen das Truchsässische Wappen halten sollen, dann 26 Manns größe Truchsässische Statua, Maistens mit Harnisch mit Ihren Wappen, und unden mit einem Schildt zue underschrift«. Tatsächlich stehen in drei Meter Höhe vor flachen Nischen an den Wänden zwischen den Fenstern auf Sockeln 24 überlebensgroße Truchsessenfiguren: eine stattliche Ahnenreihe und damit eine selbstbewusste Darstellung des Hauses Waldburg. Sie beginnt mit Werner von der Tanne und endet mit dem Reichs-

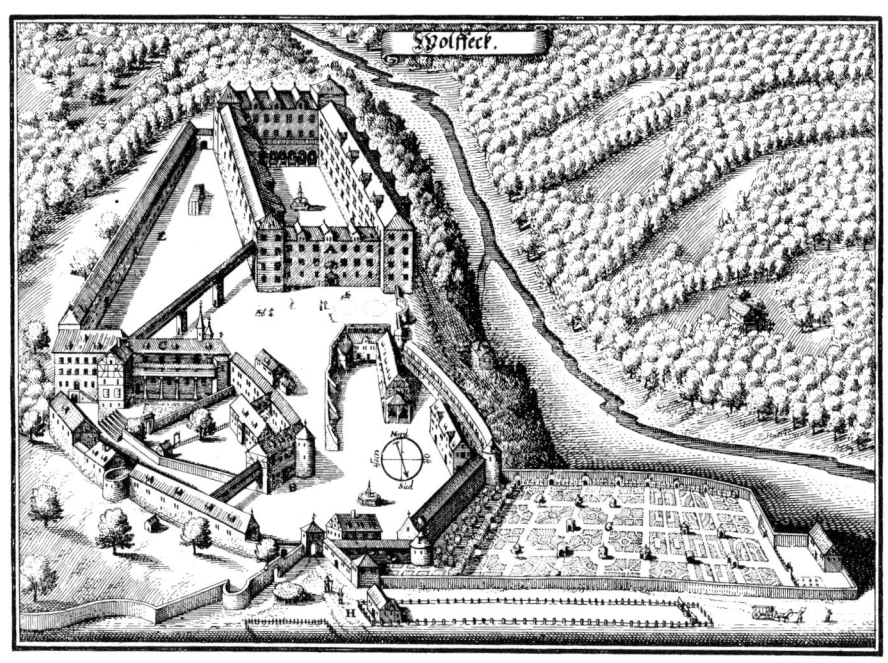

Darstellung der Residenz Wolfegg aus Merians »Topographia Sueviae«, der Kirchgang verbindet – damals wie heute – Schloss und Kirche.

erbtruchsessen Joseph Aloisius (1752 bis 1791). Zwanzig Figuren haben Krimmer und seine Werkstatt ausgeführt, Gestalten von meist volkshafter, beinahe komisch anmutender Derbheit, zwei elegantere Skulpturen stammen aus einer späteren Ausstattungsphase mit Johann Wilhelm Hegenauer, zwei weitere sind unbekannter Herkunft.

Als Vorlage für seine Figuren diente Krimmer die »Chronik der Truchsessen von Waldburg«, die der Augsburger Domherr und Historiograf Matthäus von Pappenheim 1526/27 im Auftrag des als »Bauernjörg« bekannten Truchsessen Georg III. verfasst hatte. Diese Handschrift weist 83 Holzschnitte auf, von denen 56 von Hans Burgkmair dem Älteren herrühren, einem bedeutenden Maler der Frührenaissance in Augsburg. In diesen Holzschnitten sind viele Elemente der Truchsessenreihe vorgebildet wie Gestik, Stellungen, Gesichtsform und Kostümbildung. Bei seiner Umsetzung reduzierte Krimmer die fantasievollen Kleidungen auf einfachere Formen. Am Sockel befestigte Schilde tragen die Namen der Dargestellten, ihr Todesjahr und die Namen ihrer Gemahlin.

Die Gestalten, zu deren Füßen Putten Allianzwappen tragen, gehören zur zweiten Ausstattungsphase des Wolfegger Rittersaals. Damit werden die etwas verloren an den Wänden stehenden Truchsessenskulpturen mit Hilfe eines Programms, das den gesamten Raum mit Stuck und Fresken umschließt, zur heutigen Einheit ergänzt. Dieses Programm steht im allegorischen Bezug zu Herkules, »dem exemplum virtutis

und Ideal des guten Fürsten. Erdteile, Elemente und Jahreszeiten symbolisieren die universelle und kosmologische Ordnung, in die sich die Truchsessen als Vertreter eines selbst- und machtbewussten Geschlechts einfügen: Der Rittersaal wurde somit zur Ruhmeshalle der Ahnen des Hauses Waldburg.« So charakterisiert der Leiter der fürstlichen Kunstsammlungen Bernd M. Mayer die Idee der Ausstattung.

Von der Parkanlage aus gesehen: rechts ein Eckturm des Wolfegger Schlosses, links der Turm der Stiftskirche, einer weiträumigen Wandpfeileranlage.

Diese endgültige Gestalt erhält der Rittersaal unter Reichserbtruchsess Joseph Franz (1704–1774) im Stil des Rokoko. Die künstlerische Leitung liegt bei dem aus Türkheim stammenden Johann Wilhelm Hegenauer. Er legt in Holz geschnittene Rocailleornamente um die Scheitel der Fenster und die Okuli. Durch Trophäen, Putten und Schmuckfiguren werden die Skulpturen stärker in das Wand-system eingebunden, Kartuschen überspielen das Gesims. An der Decke ist die Dekoration gemalt. Für die Stirnseiten entwirft Hegenauer Schaukamine, über denen riesige Gemälde von Johann Maria Zick, dem Vater des bekannteren Januarius Zick, die vier Jahreszeiten darstellen. Im ovalen Mittelbild an der Decke schwebt Jupiter auf seinem Adler, umgeben von den Göttern: Herkules wird als

Reich gestaltetes Sandsteinportal am Wolfegger Schloss von Ambros Holler in der Formensprache der Renaissance

landwirtschaftlich genutzte Gebäude, linker Hand das Pfarrhaus, ehemals Chorherrenstift.

Die Auffahrt zum Schloss führt an der Pfarrkirche vorbei, die durch einen Kirchgang mit dem Schloss verbunden ist. Diese einstige Stiftskirche, eine weiträumige Wandpfeileranlage mit abgetrenntem Chor und seitlichen Oratorien, mit Herrschafts- und Orgelempore, erinnert mit ihren Epitaphien an Mitglieder des Hauses Waldburg, viele sind in der Gruft unter dem Gotteshaus bestattet.

Das Fresko über der Orgel zeigt den Zweikampf des Grafen Johannes von Sonnenberg, Truchsess von Waldburg, mit dem Cavaliere Antonio Maria d'Aragona. Beide waren Exponenten einer kriegerischen Auseinandersetzung des Erzherzogs Sigismund von Tirol mit der Republik Venedig. Südlich von Trient lagen sich die Heere gegenüber und keiner wollte seine gute Stellung verlassen und angreifen. Da einigte man sich auf einen stellvertretenden Zweikampf und darauf, dass derjenige, der »Katharina« ruft, verloren hat. Der Zweikampf der beiden Edelleute beginnt zu Pferd, dann setzt sich das Duell auf dem Boden fort, wie über dem Chorbogen zu sehen ist. Dabei gelingt es dem 17-jährigen Grafen Johannes den älteren Venezianer mit seinem Dolch am Oberschenkel zu verletzen. Erschrocken schreit dieser »Katharina«. In dem Bild entscheidet die heilige Katharina – in der Mitte des Freskos in einer Wolkenglorie – zugunsten des deutschen Ritters. Der stiftet daraufhin in Wolfegg ein Kloster, das Chorherrenstift.

Lohn für sein tugendhaftes und damit vorbildliches Verhalten in den Götterhimmel aufgenommen. Die anderen Fresken zeigen einige der zwölf Taten des Herkules.

Ein Schloss, es mag noch so wuchtig sein, macht noch keine Residenz aus. In einiger Entfernung stehen an der Hauptstraße ehemalige Beamtenhäuser, eines aus der Zeit um 1790 mit Säulenhalle und Freitreppe. Nach der Lyra auf der Tür zu schließen, diente es früher wohl musischen Zwecken. Im Bereich der Vorburg stehen vormals

Wer sich dem Schloss Wolfegg nähert, kommt durch ein Sandsteinportal, 1582 von Ambros Holler geschaffen, in den Innenhof. Nach außen hin ist die Wirkung der eher abweisenden Front durch die malerischen Rahmen der Fenster bescheiden abgemildert, innen steigern Steinquadermuster, nach Vorbildern von 1628 in den Jahren 1978 bis 1980 erneuert, den grandiosen Eindruck der Baumasse und der Baumaße. Durch diese Verkleidung in den Farben Rot, Weiß und vor allem Grau wird auch der Eindruck erweckt, als lägen die Fenster vertieft im Mauerwerk. Diese Ausschmückung ist der Militärarchitektur entliehen, waren die Waldburger doch – wie viele andere Adelige auch – Herrscher und Fachleute des Kriegshandwerks.

Wer von alledem einen persönlichen Einblick erhaschen will, der sei auf die Konzertzyklen im Juni und September im Wolfegger Rittersaal verwiesen.

Der 52 Meter lange barocke Rittersaal wird bei Konzerten und festlichen Anlässen genutzt.

Schloss Zeil erhebt sich beim Dorf Reichenhofen auf dem Zeiler Berg und gehört seit der Gemeindereform zur nahen Stadt Leutkirch. Das weiträumige Schlossareal erstreckt sich in 754 Meter Höhe über dem Achtal auf einer markanten Moräne der Rißeiszeit. Es umfasst das stattliche Schloss, die Pfarrkirche Sankt Maria sowie etliche Wirtschafts- und Mitarbeitergebäude, die sich vor der Kulisse der Alpenkette zu einer eindrucksvollen, lang gezogenen und hellen Baugruppe von großer Fernwirkung zusammenschließen.

Die Burg auf der steil abfallenden Südwestspitze des Zeiler Berges wird erstmals 1123 bezeugt als Besitz der Grafen von Bregenz, später der Grafen von Montfort. 1220 kauft der Stauferkaiser Friedrich II. Burg und Grafschaft Zeil. Fast genau hundert Jahre später, 1337, gestattet Kaiser Ludwig der Bayer seinem Landvogt in Oberschwaben, Johann Truchsess von Waldburg, diese Grafschaft als Reichpfandschaft zu übernehmen. Seitdem sind Zeil und weite Teile des Umlands ununterbrochen im Besitz dieser Hochadelsfamilie. 1526 ändert sich die rechtliche Qualität: Für die Verdienste des Truchsessen Georg III., der die Bauernheere in Schwaben vernichtend geschlagen hat, wird die Pfandschaft in ein Reichslehen umgewandelt. Nach einer erneuten Teilung im Hause Waldburg wird 1595 der georgische Stamm

in eine Wolfegger und in eine Zeiler Linie gespalten, deren Begründer der Reichserbtruchsess Froben wird.

Nachdem die Burg – ein »übel erbauen und sehr zergangen Haus« – abgebrochen und das etwas höher gelegene Plateau nordöstlich davon eingeebnet ist, lässt Truchsess Froben

nach den familiären Vorbildern Meßkirch und Wolfegg von 1599 bis 1607 eine wuchtige Vierflügelanlage mit drei Geschossen und quadratischen Ecktürmen mit vier Geschossen errichten. Der Tod des Bauherren 1614 unterbricht die Arbeiten in der nur teilweise ausgebauten Schlossanlage. Seine Nachfolger, seit 1628 im Rang von Reichsgrafen, können im Dreißigjährigen Krieg nichts fortführen. Kurz vor dem Westfälischen Frieden, der 1648 die unglaubliche Dezimierung an Menschen und Gütern beendet, plündern die Schweden das Anwesen, das beinahe auch in Flammen aufgegangen wäre. Während des Pfälzischen Erbfolgekriegs kommen 1680 französische Truppen auf den Zeiler Berg. Sie mauern die Fenster zu und missbrauchen Bücher und Handschriften als Streu für ihre Rösscr. Danach zieht sich die Baugeschichte des Schlosses bis 1888 hin, denn erst damals wird der nordwestliche Flügel fertig gestellt.

Schloss Zeil ist das jüngste und architektonisch strengste Renaissanceschloss in Oberschwaben, das sich an

Die Vierflügelanlage von Schloss Zeil, dahinter der Hofgarten, davor Remisen und Beamtenwohnungen

Durch dieses Tor gelangt man aus dem Vorhof, vorbei am Schloss Zeil und der Gartenmauer, zum kirchlichen Bezirk, der Pfarrkirche und dem Kollegiatsstift.

die Vierflügelanlagen des Vaters Jakob von Waldburg in Wolfegg und des Großvaters, des Grafen Froben von Zimmern, in Meßkirch anlehnt. Der Baumeister Jörg Reutter hat sich nach dem Wolfegger Vorbild zu richten, dessen Baukörper in den Ausmaßen und in der Gliederung fast gleich ist. Im Unterschied sind in Zeil die Eckpavillons mit ihren spitzen Zeltdächern in die Baufluchten einbezogen, und auf Hofarkaden ist völlig verzichtet worden. Der karge, riesige und fast festungs-

artige Baukörper mit seinen endlosen Fensterreihen wird nur durch einige Portale belebt, die von 1602 bis 1606 Esaias Gruber aus Lindau aus grünem Rorschacher Sandstein gestaltet hat. Vor dem Schloss ein hufeisenförmiger Wirtschaftshof mit niedrigen, durch Staffelgiebel abgesetzten Trakten, in denen früher auch die Beamten der Herrschaft ihre Wohnungen hatten.

Schloss Zeil sowie Kirche und Stiftsgebäude entwirft Jörg Reutter, während Maurermeister Stoffel Kiesel aus Aichstetten und Zimmermeister Gallus Schneider aus Wurzach die Bauten aufführen. Im Durchgang zum Schlossgarten steht an der Wand das überlebensgroße Denkmal des Erbauers, des Reichserbtruchsessen Froben von Waldburg, aus rotem Marmor, darunter die Bauinschrift und das Allianzwappen Waldburg-Toerring von Esaias Gruber. An der Decke der Durchfahrt zwei lorbeerumkränzte waldburgische Totenschilde des 17. Jahrhunderts. Gegenüber erstreckt sich die von vier runden Säulen getragene Eingangshalle mit schönen Schränken, einem langen Eichentisch und zwei Kanonen.

Die Innenausstattung von Schloss und Kirche, die 1612 geweiht wird, lag in den Händen regionaler Handwerksmeister und Künstler, so in denen der Schreinermeister Veit Mayer aus Ravensburg, Andreas Müller aus Isny, Georg Albrecht von Herlazhofen, Christoph Locher von Lindau, Hans Haßlander von Wurzach und Michael Bendel aus Weitprechts sowie der Bildhauer Jakob Bendel aus Waldsee – er schuf auch das Renaissance-Chorgestühl der Kirche –, Daniel Hayl, Siegmund Höschler von Memmingen, Christoph Huber und David Weiß aus Ravensburg sowie die Maler Konrad und Kaspar Sichelbein aus Memmingen, Karl Löchner aus Isny, Hans Heinrich Wegmann aus Luzern und David Weiß dem Älteren von Ravensburg.

Die bemalte südliche Fassade des Zeiler Schlosses mit einem der Ecktürme und Anbau

Blick vom Hofgarten auf das nördliche Schlossportal und in den Innenhof

Sie alle sind beteiligt, das Schloss Zeil vor dem Dreißigjährigen Krieg innen auszubauen und zu verschönern, mit geschnitzten Türgestellen und Kasettendecken im so genannten Truchsessenzimmer im ersten Obergeschoss des Südostflügels, in dem mit der prachtvollen Holzdecke eine unglaubliche Tiefenwirkung erzeugt wird. Weiterhin im Schwarzen Gang und im Truchsessenzimmergang. Am Ende des Schwarzen Gangs mit seiner Renaissancedecke betritt man die klassizistisch kühle Bibliothek mit ihren rund 100 000 Bänden, die nach Art der Klosterbibliotheken durch zwei Stockwerke reicht. Dieser Raum ist reich an Manuskripten und Frühdrucken, darunter die berühmte Weißenauer Chronik mit elf Federzeichnungen über das Geschehen im Bauernkrieg. Im Erdgeschoss des Südostflügels wird das

dem frisch Gekrönten den Braten auftrug. Dort ist aber auch ein goldener Reichsapfel zu bewundern, der eigentlich bei den Reichsinsignien in der Wiener Hofburg sein müsste. Doch das ist kein unrecht Gut, denn als 1658 Leopold I. im Frankfurter Dom zum Kaiser gekrönt werden sollte, da hatte der Kurfürst von Bayern, der damals die Reichskleinodien verwahrte, den Reichsapfel vergessen. Der Reichserbtruchsess von Waldburg hatte jedoch diese Möglichkeit offenbar geahnt und bei einem Frankfurter Goldschmied einen neuen Reichsapfel »bestellet, bezahlet und ergo erhalten«.

Die Schlosskapelle im Erdgeschoss, ein einfacher überwölbter Raum, wurde 1608 geweiht und im Rokoko neu ausgestaltet. Wie auch etliche andere Räume, die Johann Schütz aus Leutkirch, der vorher in Wolfegg gearbeitet hat, um 1745 in sehr eleganter Weise stuckierte. So das Schreibzimmer und das Salettle, den Gartensaal, vor dem Südturm. Zwischen Schloss und Kirche dehnt sich der Hofgarten, der nach Süden – ohne die Begrenzung durch eine Mauer – einen grandiosen Ausblick zu den Allgäuer Alpen bietet. Im Norden verläuft eine Mauer, in deren Mitte ein Gartenpavillon einen Akzent setzt. Auf der Mauer verläuft der Kirchgang, der den Herrschaften eine direkte Verbindung vom Schloss zur Kirche ermöglicht.

Die Pfarrkirche Sankt Maria Himmelskönigin und das Gebäude des Kollegiatstifts entstehen von 1607 bis 1612 nach Vorgaben des Bauherren, des Reichserbtruchsessen Froben. Das Stift, eine Art Hauskloster mit einem

geschichtliche Gedächtnis der Region verwahrt: mehr als 12 000 Urkunden von 1208 bis 1803, 1700 Karten und 1400 Meter Archivalien.

Zu den Sehenswürdigkeiten des Speisesaals zählen Steingut, Porzellan und Gläser, eine spätgotische Madonna aus Bernstein und vor allem zwei silbervergoldete Schüsseln, in denen der Reichserbtruchsess bei den letzten Kaiserkrönungen in Frankfurt am Main

*Dieser Wachsoldat vor seinem
gemauerten Schildhäuschen ist nur
an die Wand gemalt.*

Ruez, Bildhauer und Stuckateur aus Wurzach. Im Gesamten überwiegt im Kirchenraum die strenge und feierliche Stimmung des Klassizismus.

Das heute sichtbare ovale Deckengemälde im Langhaus wird 1939 nach Vorgaben von Erich Fürst von Waldburg-Zeil geschaffen, ausgeführt von August Braun aus Wangen im Allgäu. In der oberen himmlischen Sphäre ist die Übergabe des Rosenkranzes durch Maria und das Jesuskind an den heiligen Dominikus dargestellt. Im Mittelteil erkennt man bedeutende Personen aus Kirche und Staat, die dem Auftrag folgten, ein Fundament zu schaffen, auf dem sich christliches Leben in der Gesellschaft entwickeln kann. Im unteren Teil sind historische Gestalten aus dem Hause Waldburg zu sehen. Rechts trägt ein Engel die Familienwappen, im Hintergrund ist eine Fernsicht auf das Schloss Zeil festgehalten. Das Spiegelbild eines Fürstenhauses, das sich in der Erfüllung weltlicher Aufgaben in christlicher Verantwortung geortet weiß.

Schloss Zeil mit seinen Sehenswürdigkeiten ist kein Museum, sondern das Wohnhaus der Fürsten von Waldburg-Zeil und ihrer Familie. Daher ist dieses Anwesen auch nicht zu besichtigen, alles andere ist frei zugänglich. Zurzeit ist Georg, 7. Fürst zu Waldburg-Zeil und Trauchburg, der Besitzer. Der studierte Volkswirt, dessen Land- und Forstbesitz auf 10 000 Hektar geschätzt wird, sortierte nach 1960 sein Vermögen um in Richtung Printmedien – »Schwäbische Zeitung« in Leutkirch und »Allgäuer Zeitung« – sowie Kliniken im Weiler Neutrauchburg bei Isny um. Laut »manager magazin« soll er 2006 über ein

Propst, zwei Kanonikern sowie vier bis sechs Chorknaben, verfällt im Dreißigjährigen Krieg und wird 1742 neu gegründet. In der Säkularisation ist es aufgelöst worden.

Die barocke Ausgestaltung bestimmt der Hochaltar von 1763/64, ein Spätwerk von Joseph Anton Feichtmayr aus Wessobrunn unter Mitwirkung von Johann Georg und Franz Anton Dirr. Die Seitenaltäre sind von Jakob Willibald

Vermögen von 350 Millionen verfügen und in der Liste der reichsten Deutschen Platz 38 eingenommen haben.

Das Verhältnis der hochadeligen Häuser Württemberg und Waldburg war seit der Mediatisierung, seit der Entmachtung der Fürsten von Waldburg und vieler anderer Reichsfürsten, Reichsgrafen und Reichsfreiherren, sehr gespannt. Vielleicht hat auch deswegen Erbprinz Konstantin zu Waldburg-Zeil die Revolution von 1848/49 unterstützt und dieses Verhalten mit einer Festungsstrafe auf dem Hohenasperg gebüßt. Auf jeden Fall hat es seitdem mehr als 180 Jahre gedauert, bis sich die katholischen Hochadelsfamilien ehelich verbunden haben: Als nämlich am 18. November 1988 Mathilde Herzogin von Württemberg und Erich Erbgraf zu Waldburg-Zeil in Altshausen Hochzeit feierten.

Das Paar wohnt mit seinen Kindern im Schloss **Rimpach** im Stadtgebiet von Isny. Es wurde von 1754 bis 1775 – wahrscheinlich von Johann Georg Specht – erbaut für Graf Franz Karl Eusebius von Waldburg-Trauchburg, den letzten dieser Linie, Fürstbischof zu Chiemsee, Domdekan in Salzburg und ein Gönner und Freund von Wolfgang Amadeus Mozart. Die reizvolle Anlage war leider ihres Mittelteils beraubt, anlässlich der Hochzeit ist er originalgetreu wiederhergestellt worden. Die geschweiften Gesimse und die Form der Risalite, die sich in Laupheim wiederholen, verweisen auf den Baumeister Specht. Im Innern hübsche Stuckaturen mit allegorischen Darstellungen der Jagd. Der andere Schlossteil ist das einfacher gestaltete Meiereihaus. Ein Gang verbindet Schloss und Leonhards-Kapelle, die im zierlichen Rokoko ausgeformt ist.

Zu den waldburgischen Schlössern zählt auch das in **Neutrauchburg**, ein dreigeschossiger Rechteckbau, von 1776 bis 1788 von Graf Anton von Waldburg-Zeil-Trauchburg aufgeführt.

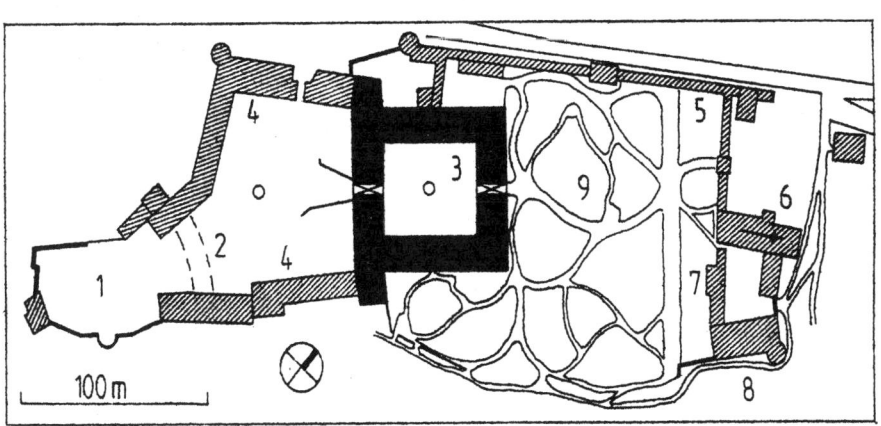

Schloss Zeil: 1 Platz des alten Schlosses, 2 ehemaliger Graben, 3 Schloss, 4 Beamtenwohnungen, 5 Kirchgang, 6 Pfarrkirche, 7 Schule, 8 Pfarrhaus, 9 Hofgarten

Kißlegg – eine Gemeinde kauft ein barockes Kleinod

Die Ortschaft im hügeligen und seenreichen württembergischen Voralpenland kann zwei Adelssitze aufweisen: das Alte und das Neue Schloss. Um 1300 kommt eine Linie der reichen Herren von Schellenberg in den Besitz der Herrschaft, die 1381 geteilt wird. Daher war es nötig, dass sich im Ort zwei schellenbergische Burgen befanden, die später für die jeweiligen Schlossbauten abgerissen wurden. Die eine Hälfte erben 1669 die Reichserbtruchsessen Waldburg-Scheer-Trauchburg, die andere Hälfte gelangt 1708 an die Linie Waldburg-Wolfegg-Waldsee.

Auf einer kleinen Anhöhe am Rande des Ortskerns erhebt sich das Alte Schloss, ein typischer oberschwäbischer Sitz des Landadels, um 1560 bis 1570 von Hans Georg von Schellenberg erbaut: ein stattliches Steinhaus mit zwei hohen Staffelgiebeln, in denen vier Fensterreihen gezählt werden, und vier runden Ecktürmen. Im nordöstlichen Turm sind aus der Zeit um 1580 Wandmalereien mit biblischen Themen erhalten.

Im Auftrag der Waldburger Reichsgrafen gestaltet um 1720 der aus Füssen stammende Johann Georg Fischer das Steinhaus im Innern im barocken Stil um. Vielleicht stammt von ihm auch das glanzvolle Treppenhaus mit seinen zweiarmigen, geschwungenen Stu-

Etwas außerhalb des Ortskerns von Kißlegg erhebt sich das Alte Schloss mit seinen Nebengebäuden.

Das Alte Schloss ist ein typisch oberschwäbisches Steinhaus der Renaissance mit Staffelgiebeln und runden Ecktürmen. Erbaut wurde es um 1560/70.

fenläufen und Balustraden, das einen Vergleich mit Bruchsal und Schöntal nahelegt. Später formt sein Onkel Johann Jakob Herkommer die Pfarrkirche Sankt Gallus und Ulrich geschickt um: Aus einer mittelalterlichen Basilika wird ein barocker Raum, der um 1740 von vielen hoch begabten Künstlern feierlich-prachtvoll ausgestattet wird. Das Alte Schloss in Kißlegg wird heute von Mitgliedern der Familie Waldburg-Wolfegg bewohnt und ist nicht zugänglich.

Anders das **Neue Schloss** östlich des Ortskerns, das die Gemeinde Kißlegg 1960 – samt dem acht Hektar großen Park – von den Fürsten von Waldburg-Zeil gekauft hat: ein nach außen hin eher zurückhaltender, aber machtvoller, verputzter Rechteckbau mit 17 Fens-

terachsen, insgesamt 55 Meter lang. Hochrechteckige Fenster mit grauen Putzquadern und dunkle Bänder, die die drei Geschosse abteilen, akzentuieren die Flächen. Zwei elf Meter tiefe Seitenflügel bilden zum Park hin einen kleinen stumpfen Ehrenhof. Über den Flügeln sitzen zweistockige Zwerchhäuser, die wohl früher als Aufzüge dienten, das Dach lockern Gaubenfenster und Kamine auf, die wie runde Tempelchen geformt sind.

Das Nordportal zum Landschaftsgarten hin ist durch ein vorgeschobenes Gesims mit zwei Flammenvasen betont, in den beiderseitigen Rundnischen stehen Sandsteinskulpturen von Michael Hermann: Jason und Herkules. Der Erbauer dieses Schlosses hat sich im Bankettsaal auf einer Tafel über dem Kamin verewigt: »Johann Ernst Reichs-Erb-Truchseß Graff zue Friediberg (Scheer) undt Trauchburg Freyherr uf Waldtburg 1695–1737.«

Zeitgenössisches Mobiliar fehlt weitgehend, aber die äußerst kunstvolle Ausstattung der Wände und vor allem der Decken ist liebevoll restauriert. Dabei musste das Anwesen im Laufe der Zeit einiges erdulden: Im Zweiten Weltkrieg diente es als Lazarett, danach bis 1957 als stellvertretendes Kreiskrankenhaus und dann – nach dem Erwerb durch die Gemeinde – als Schlossrealschule. Seit hier Ewald und Dorothea Schrade 1980 mit ihrer Galerie einzogen – sie sind später nach Mochental weitergewandert –, wird das Neue Schloss angemessen genutzt, so etwa mit Ausstellungen und den »Kißlegger Kunstwochen«.

Der planende und ausführende Baumeister ist der bereits genannte Fischer, der von 1721 an sechs Jahre bis zum Abschluss benötigt. Für die exzellente Ausstattung stehen ihm erstklassige Künstler zur Verfügung: die Bildhauer Joseph Anton Feichtmayer, Johann Ruez aus Wurzach und der Lothringer La Tour, die Freskanten Antoni Widemann und der waldburgische Hofmaler Johann Gabriel Roth sowie die Stuckateure Francesco Solari und der Wessobrunner Johann Schütz mit seinen Gesellen.

Das Erdgeschoss ist einfach gehalten, ein breiter Gang erschließt die Räume mit Kreuzgratgewölben. In der Westseite betritt man die rechteckige Schlosskapelle, die sich durch zwei Stockwerke zieht. Konkav gebogene Eckpilaster leiten zur flachen Kuppel über, in der ein Fresko die Heilslehre verherrlicht. Der Stuckmarmoraltar umschließt die ausdrucksstarke Kreuzigungsgruppe eines unbekannten Meisters.

Seitlich vom Eingang führt das quadratische Treppenhaus von Michael Hermann mit Absätzen in den Ecken nach oben, ein Schacht mit Sandsteinstufen, Pfeilern und Balustraden. In den Wänden raumvertiefende Nischen mit Muschelwerk, in denen acht – früher waren es neun – überlebensgroße Stuckskulpturen die Aufmerksamkeit auf sich ziehen. Diese Sybillen, antike Seherinnen, deren Weissagungen die Kirchenväter in die christliche Heilsgeschichte einwoben, sind frühe Meisterwerke von Feichtmayer, der in der

Wallfahrtskirche Birnau sein Hauptwerk hinterlassen hat: bewegte Kompositionen mit schlanken Hälsen und faltenreichen Kleidern, mit ausdrucksvollen Gesichtern von hoher Geistigkeit, geschaffen 1726/27.

Ein Fresko von Roth bildet im zweiten Obergeschoss den Abschluss des Treppenhauses: der Sturz des Phaeton oder bestrafter Hochmut. Sein Vater, der Sonnengott Helios, hatte ihm erlaubt, den Sonnenwagen zu lenken; dabei kam er zu nahe an die Erde und setzte sie in Brand. Deswegen wurde er in die Unterwelt verbannt.

Der Rückgriff auf antike Motive und Bildinhalte setzt sich in der Beletage im ersten Obergeschoss durchgehend fort. Aus dem reich stuckierten Barocksaal schreitet man in einen Durchgangsraum, dessen Deckenfresko die römische Jagdgöttin Diane samt Hirschen und Quellnymphen darstellt. Im Cäsarsaal zeigt ein großes Deckenfresko den Feldherren, Politiker und Schriftsteller – auf seinem Haupt einen Lorbeerkranz – beim Gastmahl. Neger, angeketteter Bär und Hund stehen für die von Rom beherrschten Länder in Afrika, Germanien und Asien. In den Supraporten die Wappen der Waldburger, unter anderen die Löwen und der Reichsapfel. Es war wohl der Empfangsraum.

Das Neue Schloss in Kißlegg vom Park her, die Frontfassade misst 55 Meter Länge, der Flügel nur elf.

Äußerst farbenprächtig stellt sich der Esthersaal vor, dessen ovales Deckenfresko Johann Gabriel Roth 1725 signiert hat. Die Jüdin Esther ist mit dem mächtigen Perserkönig Xerxes verheiratet. Als sie erfährt, ein Hofmann plane, alle ihre Landsleute umbringen zu lassen, wirft sie sich – unter Verletzung des Protokolls – vor dem König auf die Knie und bittet um Gnade. Das Motiv: der gerechte Herrscher. Die Dramatik dieser Szene ist großartig mit Strich und Farben ausgedrückt. Im Stuck entdeckt man kleine Baldachine, Girlanden, Vögel, Strauch- und Baummotive bis in die feinsten Verästelungen. Die Putten in den Ecken versinnbildlichen die vier

Das Portal zum Landschaftsgarten mit Flammenvasen und den Skulpturen von Jason und Herkules

Jahreszeiten, wobei der Frühling ein Blumenkörbchen trägt.

Vom Esthersaal gelangt man in das Kabinett, in einen prächtigen Raum von geringen Abmessungen, völlig verkleidet mit rötlichem und graugelbem Stuckmarmor. Das Deckenfresko verherrlicht die Musik, über dem offenen Kamin von Johann Georg Fischer (1723) zeigt ein Gemälde eine vornehme Dame mit Kanarienvogel. Vier Medaillons zeigen die vier Lebensalter, verdeutlicht durch ein Kind und drei männliche Gestalten.

Alle Räume sind farblich geschmackvoll gehalten, an kostbarem Bandelwerk herrscht kein Mangel. Die schönste Stuckdecke hat sicher Johann Schütz im Samsonsaal geschaffen, in dem er auch die vier Kardinaltugenden Weisheit, Tapferkeit, Mäßigung und Gerechtigkeit symbolisiert. Das Hauptfresko führt uns den Sieg des bärenstarken Naturburschen Samson über die Philister vor Augen, deren schwer bewaffnete Krieger er mit der Kinnlade eines Esels erschlägt.

Im zweiten Obergeschoss, das man über eine seitliche Eichentreppe erreicht, befinden sich die Privaträume der gräflichen Familie. Die Ausstattung huldigt den Künsten und Wissenschaften, den Musen und der Liebe. Der Ledasaal, wohl das Schlafgemach, ist dezent in rosa und grau gehalten, an der Decke nähert sich Jupiter als Schwan der schönen Frau im Evakostüm.

Unerwartet tritt man auf dieser Etage in den prächtigen Bankettsaal, der mit seinen Maßen von etwa zehn auf 15 Meter den östlichen Seitenflügel einnimmt. Der plastische Stuck bringt

Prächtiges Deckengemälde im Kißlegger Neuen Schloss

Szenen aus dem höfischen Leben, Putten halten wilde Hunde an der Leine – die Jagd war das Vorrecht und die Leidenschaft adeliger Herren. Das Deckenfresko soll die aus heutiger Sicht gar nicht nötige Versöhnung, besser gesagt die Einheit der Waldburger Linien vorstellen. Nike, die antike Göttin des Sieges, neben ihr der greise Chronos, der Gott der Zeit, an einen Felsen geschmiedet. Nicht nur das Rad der Zeit ist gebannt, selbst der Kriegsgott Mars hat seine Waffen niedergelegt. Eine Friedenstaube verkündigt, lange vor Pablo Picasso, den ewigen Frieden.

Das zentrale Fresko umrahmen Bildmedaillons, von je zwei Putten getragen. In ihnen werden die damals bekannten vier Erdteile – noch ohne Australien – charakterisiert. Bei Amerika sieht man einen Indianer mit Pfeil und Bogen sowie einen Alligator. In der weiß-rosa stuckierten Decke ist im Bandelwerk ein Pelikan zu erkennen, der sein Herz als Nahrung für den Nachwuchs opfert: ein antik-christliches Motiv, das die Fürsorge des vorbildlichen Regenten für seine Untertanen versinnbildlichen soll.

Am südöstlichen Rand des Wurzacher Rieds, mit seinen etwa 24 Quadratkilometern das größte Moor in Süddeutschland, liegt das Städtchen Wurzach, in dem sich seit alters her Verkehrsswege von Biberach, Leutkirch und Memmingen treffen. Zu Beginn des 13. Jahrhunderts gelangen die Truchsessen von Waldburg hier zu herrschaftlichen Rechten und erreichen 1333 die kaiserliche Bestätigung der Stadtrechte. Ein roter Krebs ziert das Wappen.

Durch eine Erbteilung in der reichsunmittelbaren Grafschaft Waldburg-Zeil entsteht 1675 die Linie Waldburg-Zeil-Wurzach, die über ein schmales Territorium verfügt, das von Wurzach über stark bewaldete Höhenzüge bis zum Dorf Marstetten reicht. Nicht dort, sondern in Wurzach, wo bereits ein Altes Schloss steht, baut letzten Endes Reichserbtruchsess Ernst Jakob (1673–1734) seine standesgemäße Residenz in den Jahren von 1723 bis 1728, einen grandiosen Barockbau direkt gegenüber dem dreieckigen Marktplatz.

Was verwirklicht wird, ist nur ein Abglanz der ehrgeizigen Entwürfe, die jedoch aus den Erträgen der kleinen Grafschaft nicht finanziert werden konnten. Das Schloss war größer geplant, als es ausgeführt wurde, zudem sollten Alleen das Anwesen umgeben und Kanäle ins Ried führen. Weiterhin sollten auf das Schloss bezogene Achsen das Städtle durchziehen. Nur ein Bruchteil davon wurde umgesetzt, so der Park im Norden des Grafensitzes mit der Orangerie, so die eine oder andere Allee und im städtebaulichen Programm die Herrenstraße mit ihren niedrigen, ebenmäßigen Häusern, in der sich als »Hofbürger« herrschaftliche Handwerker niederließen, die nicht dem städtischen Zunftzwang unterworfen waren. Am Eingang der

Im Wurzacher Schloss beeindruckt auf engem Raum eine Treppenanlage, die vier Stockwerke erschließt.

Zur Stadt hin öffnet sich der Ehrenhof mit dem Wurzacher Schloss; rechts und links des Hotels sind Bauten des Alten Schlosses zu sehen.

Herrenstraße stehen zwei Steinsäulen und ein Wachthäusle.

Beim Wurzacher Schloss wird zunächst der dreigeschossige Mittelbau und der zweigeschossige Westflügel errichtet, um 1750 kommt der Ostflügel als Verbindung mit dem Alten Schloss (Rentamt) dazu. Damit ist der nicht allzu große Ehrenhof, dessen Eingang zwei kleine Wachthäuser schützen, würdig umschlossen. Für die erste Bauphase bringt Graf Ernst Jakob 21 722 Gulden auf, ein finanzieller Kraftakt für sein Ländchen. Danach haben die Grafen ihre liebe Not, das Schloss weiterzubauen und innen auszugestalten. Mitte des 18. Jahrhunderts ist das Anwesen, so wie es sich heute darbietet, weitgehend fertig, aber die finanzielle Lage wird immer bedenklicher. 1802

erreicht der Schuldenstand 548 555 Gulden, etwa das Zwanzigfache der jährlichen Einkünfte. Ein Darlehen der Kurfürsten von Hessen-Kassel in Höhe von 300 000 Gulden, für das das Gesamthaus Waldburg bürgen musste, half damals aus der verfahrenen Lage.

In der Front wird der vorspringende und um ein Geschoss erhöhte Mittelrisalit, der seitlich abgerundet ist und den ein geschweifter Giebel bekrönt, rechts und links von je fünf Fensterachsen begleitet, während das Mittelstück gerade einmal drei aufweist. Das rundbogige Portal ist von zwei Pilastern eingefasst, über denen ein bescheidener Balkon schwebt. Die Umkleidung der Fenster steigert sich: im Parterre geschweifte Rahmen, im ersten Stock gebrochene und geschweifte Giebel und im zweiten Stock ein stark vorstehendes Giebelgesims. In der Höhe des Dachkandels läuft im Mittelrisalit über dem zweiten Obergeschoss ein vielfach gebrochenes Gesims, das eine dekorative Note in die Außenfront bringt. Der Baumeister und fast alle Künstler der Ausstattung sind namentlich unbekannt, in den Jahren von 1730 bis 1756 soll aber der Deutschordensbaumeister Johann Kaspar Bagnato von Altshausen her immer wieder beratend einbezogen worden sein. In der Front des Mittelpavillons – Gesimsband und das aufragende dritte Geschoss – ergeben sich Parallelen zu seinem Schlossbau auf der Insel Mainau.

Wer ins Wurzacher Schloss eintritt, begegnet einer engen, verwirrenden Treppenanlage und schaut erstaunt durch vier Stockwerke. Bei einer lichten Breite von etwa zwölf Metern führen doppelläufige Stiegen nach oben, wobei ein birnenförmiger Grundriss freibleibt. Der hochquadratische Raum nimmt gefangen und gibt zugleich Rätsel auf, die sich erst im Hinaufschreiten auflösen. Vor allem stellt sich die Frage: Wo geleiten die Treppen eigentlich hin? In den Raumfolgen zur Rechten und zur Linken sind keine Repräsentationssäle zu finden, nur Zimmer, die selten mit Stuck verziert sind und die die Salvatorianer erst 1923 durch Korridore erschlossen haben.

Bis ins erste Obergeschoss sind die doppelten Treppenläufe massiv ausgeführt, der Aufstieg in die nächste Etage wird um 1750 in Holz und Mischbauweise erstellt. Die Seitenfresken und das große Deckenfresko werden Pietro Scotti zugeschrieben, bei den Stuckaturen sollen die Brüder Pozzi tätig ge-

wesen sein, von denen nur Francesco identifiziert werden konnte, ein Schwager von Donato Guiseppe Frisoni; seit 1730 arbeitete Pozzi auch am Ludwigsburger Schloss. In den 1780er-Jahren wird Pierre Michel d'Ixnard um Entwürfe gebeten, denn Graf Joseph Franz Anton, Domherr zu Straßburg

und Köln, will seine 1400 Werke altdeutscher, niederländischer und italienischer Herkunft im heimatlichen Schloss unterbringen und eine Akademie der Schönen Künste einrichten. Dafür wird im zweiten Obergeschoss ein Gang gegenüber dem Treppenabsatz erstellt. Zugleich wird alles im klassizistischen Stil erneuert, mit hölzernen Balustraden, mit Vasen und Puttengruppen. Übrigens: Die berühmte Truchsessengalerie kam nach Wurzach, wurde aber in den Wirren der Napoleonischen Kriege nach Wien gebracht und später in London versteigert und in alle Winde zerstreut.

Das Deckenfresko im Treppenhaus des Wurzacher Schlosses zeigt den ganzen antiken Götterhimmel, Jupiter erscheint wie ein triumphierender Christus.

Das schönste Treppenhaus Oberschwabens beginnt mit barocker Bewegung und endet in klassizistischer Gelassenheit. In der obersten Etage sind auf beiden Seiten ja zwei Scheinfenster aufgemalt; in einem lässt ein modisch gekleidetes Mädchen einen Vogel in dem Raum fliegen, dessen quadratische Decke ein einziges Fresko einnimmt. Ringsum wird es von einer gemalten Balustrade umschlossen. Frauen und Genien mit Blumen, Girlanden, Früchten und Garben stellen Frühling, Sommer und Herbst dar. Das zentrale Motiv ist jedoch das barocke Sichtbarmachen eines himmlischen Triumphs, und auf den ersten Blick ähnelt hier Jupiter dem triumphierenden Christus. In Wirklichkeit wird aber Herkules nach den Mühen und Arbeiten seines tugendhaften Lebens in den griechisch-römischen Götterhimmel aufgenommen, in dem die wichtigsten antiken Göttinnen und Götter zu erkennen sind. In der Mitte strahlt Jupiter, der »Vater der Götter und der Menschen«, als Symbol seiner Herrschaft hält er einen Stab, zu Füßen der flugbereite Adler.

Ganz in der Nähe des Schlosses, jenseits der Wurzacher Ach, befindet sich das geistliche Viertel mit Spital, dem Frauenkloster Maria Rosengarten, einer waldburgischen Stiftung, in dem 1936 die ersten Moorbäder verabreicht wur-

Zwei Wachthäuschen flankieren den Eingang zum Schlosshof, hinter dem Mittelrisalit des Schlosses befindet sich das großartige Treppenhaus.

den, und die Pfarrkirche Sankt Verena. Sie ist von 1775 bis 1777 vom örtlichen Baumeister Christian Jäger errichtet worden, nach einem Plan von d'Ixnard, dem Ahnherrn des Klassizismus in Oberschwaben. Von der großartigen Ausstattung erregt unsere Aufmerksamkeit ein Deckenfresko, in dem der Langenarger Maler Andreas Brugger die Freude über den Neubau ausdrückt: Ein Engel zeigt den Kirchenplan, in der Mitte ist die hochadelige Familie abgebildet. Der regierende Graf Franz Ernst von Waldburg-Zeil-Wurzach trägt Panzer und Purpurmantel als Zeichen der Souveränität; zwischen ihm und dem Wappen der Waldburger steht der junge Graf Leopold, der als Sechsjähriger den Grundstein der neuen Kirche legen durfte. Als Dreißigjähriger starb der Erbgraf am 17. Juni 1800 vor seinem Schloss unter den Säbelhieben österreichischer Szekler Husaren, die ihn für einen französischen Offizier hielten. An einem der Wachthäuschen erinnert eine Tafel daran. 1903 ging mit Fürst Eberhard der letzte männliche Spross der Wurzacher Linie dahin, denn er hinterließ sechs Töchter. Nach einem langwierigen Prozess wurden die Vettern in Waldburg-Zeil die Erben.

Im Jahr 1922 kauften die Salvatorianer, die Gesellschaft des Göttlichen Heilands, das erneuerungsbedürftige Anwesen für 7000 Dollar; es herrschte damals Inflation im Deutschen Reich. Zwei Jahre später eröffneten die Priester eine Lateinschule samt Internat, die zum Gymnasium aufgestuft wurde. 1937 wurde den Salvatorianern von den Nazis verboten, neue Schüler aufzunehmen. Drei Jahre danach zogen sich die Patres ins Rentamt, in den östlichen Flügel, zurück und vermieteten das Schloss der Heeresstandortverwaltung Biberach. Diese baute Baracken im Ehrenhof und zäunte alles mit Stacheldraht ein. Über 800 französische Kriegsgefangene korsischer Herkunft wurden hier untergebracht.

Im Herbst 1942 wurden dann hier mehr als 600 Engländer interniert, deren Heimat die britischen Kanalinseln Jersey und Guernsey waren. Diese Eilande vor der normannischen Küste waren am 1. Juli 1940 von der deutschen Wehrmacht besetzt worden, der einzige Zipfel des britischen Kernlandes, der im Zweiten Weltkrieg erobert werden konnte. Danach wurden die Inseln ein Teil des Atlantikwalls, mit dem eine Landung der Alliierten verhindert werden sollte. Am 28. April 1945 zogen französische Truppen in Wurzach ein und befreiten die Engländer, die gut betreut worden waren. Sie hissten vor dem Schloss den Union Jack, und der stellvertretende englische Lagerkommandant wurde der erste provisorische Bürgermeister.

Im November desselben Jahres konnten die Salvatorianer wieder mit dem Unterricht beginnen. 1993 haben sie ihr Internat im Schlossgebäude aufgegeben und sich ins Rentamt zurückgezogen. Seitdem unterhalten die Patres gemeinsam mit der Stadt Bad Wurzach das Gymnasium. Zugleich haben die Salvatorianer mit der Behinderten- und Altenstiftung Liebenau bei Ravensburg eine gemeinnützige Salvator Altenhilfe gegründet, die das Gebäude als Pflegehotel und als Schule für pflegerische Berufe nutzt.

Auf halbem Wege zwischen Sigmaringen und Mengen erblickt man in Scheer einen altertümlichen Schlossbau auf einem Bergrücken. Im Unterschied zu Sigmaringen umspült hier nicht die Donau den Schlossberg, sondern sie umfließt das Städtchen und den dahinterliegenden Herrschaftssitz.

In Scheer erhebt sich das größte spätmittelalterliche Schloss Oberschwabens, drei kastenförmige, jeweils vier Stockwerke hohe Bauten mit Staffelgiebeln, die durch einen etwas niedrigeren Verbindungsbau zusammengefasst sind. Der Wehrzweck dieser noch burgähnlichen Anlage tritt deutlich zurück, der elegante gotische Erker an der mittleren Front zur Stadt hin spricht jedem Verteidigungsgedanken Hohn, er ist eine hübsche Zutat. Vom Tal her wirkt die Anlage hochstrebend sowie durch und durch spätgotisch. Die Grundmauern, teilweise Reste einer früheren Burg, weisen eine Stärke von einem bis anderthalb Meter auf. Die unregelmäßigen Umrisse, die Brechungen in der Front sind eindeutig mittelalterlich. Treppentürme erschließen die einzelnen Geschosse.

Am 21. April 1452 verpfändet Herzog Sigmund von Österreich die Herrschaft Scheer und die Grafschaft Friedberg an Truchsess Eberhard von Waldburg »samt dem Schloss und der Stadt Scheer«. Drei Jahre danach kommt noch die Hochgerichtsbarkeit

dazu. Später wird die jederzeit auflösbare Pfandschaft in ein Mannlehen umgewandelt, das dem Haus Waldburg den Besitz garantiert, solange der Mannesstamm besteht. Damit sind Schloss

und Stadt Scheer mehr als drei Jahrhunderte lang Residenz und Verwaltungssitz der eberhardinischen Linie, die 1764 ausstirbt.

Im Jahr 1455 kann Truchsess Eberhard von den Grafen von Werdenberg-Sargans die Herrschaft Sonnenberg kaufen, die sich von Feldkirch bis zum Arlberg erstreckt. Neun Jahre später erhebt ihn der Kaiser in den Rang eines Reichsgrafen von Sonnenberg.

Nach seinem Tod im Herbst 1479 erbt sein jüngster Sohn Andreas die Grafschaft Friedberg-Scheer. Der energische junge Mann lässt von 1485 bis 1496 anstelle einer Burg das heutige Schloss hochziehen, und zwar von »Meister Lienhart«, einem Baumeister aus Mengen.

Vor dem nördlichen Flügel breitet sich der jüngere Kanzleibau aus, der von 1561 an errichtet wird und in der

Hoch aufragend und lang gestreckt zeigt sich Schloss Scheer von der Stadt her mit seinen drei Kastenbauten mit ihren Staffelgiebeln.

Barockzeit sein Mansardwalmdach erhält. Für diesen Vorbau wird der tiefe Burggraben aufgefüllt und die Zugbrücke entfernt. Über der seitlichen Toreinfahrt ein rechteckiges Relief mit dem Löwenwappen Wilhelms des Jüngeren, »des hailigen Römischen Reichs Erbtruchses, Freiherr zu Waldtpurg, Herr zu Schär und Trauchburg«, und dem Wappen seiner Gemahlin Johanna von Fürstenberg. Nach einem beengten Innenhof kommt man durch einen überhohen Durchlass unter dem nördlichen Flügel, der auch als Prinzenbau bezeichnet worden ist, in den Hof, der rechter Hand durch eine Mauer von Flügelende zu Flügelende abgeschlossen wird. Die Front zwischen den Trakten gliedert sich durch drei Obergeschosse in sechs Fensterachsen.

Im Erdgeschoss des Prinzenbaus findet man eine alte Brunnenstube. Der Schacht reicht hinunter bis zum Wasserspiegel der Donau. Ein unterirdischer Gang führt zudem hinüber zur nahen Kirche Sankt Nikolaus. Am 8. Oktober 1505 kommt der Konstanzer Weihbischof nach Scheer und weiht die Schlosskapelle im zweiten Obergeschoss des Mittelbaus und die spätgotische Pfarrkirche auf dem Bergrücken nebendran. Sankt Nikolaus wird Mitte des 18. Jahrhunderts üppig barockisiert, wobei die Stuckarbeiten und die beiden Seitenaltäre von der Hand eines Joseph Anton Feichtmayr sind.

Die stadtabgewandte Seite von Schloss Scheer. Dahinter im Tal das Städtchen.

Graf Andreas von Sonnenberg finden wir in jener Zeit in den Diensten des späteren Kaisers Maximilian, des Herzogs von Bayern und des zum Herzog erhobenen Grafen Eberhard im Bart und seines Neffen Ulrich. Dieser lädt den Grafen zu seiner Hochzeit mit Sabine, Herzogin von Bayern, am 2. März 1511 nach Stuttgart ein. Zur kaiserlichen Gesandtschaft zählt auch Graf Felix von Werdenberg, der Graf Andreas wegen seines jungen Grafenstands und seiner beiden früh verstorbenen Söhne hänselt. Man war damals unter Standesgenossen nicht gerade zimperlich. Als der Sonnenberger auf dem Weg zur Stiftskirche die hoch gewachsene Sabine und den kleinen Brautführer Graf Felix sieht, ruft er ihm zu: »Richte dich auf, streck dich Werdenberger!« Nach dieser öffentlichen Beleidigung lässt dieser dem Spötter die Nachricht überbringen, dass er sich rächen werde.

Trotz einer offiziellen Versöhnung verfolgt Graf Felix seinen Plan. Sein Schwager Johann Werner von Zimmern gibt ihm nichtsahnend Gastrecht auf seiner Burg Wildenstein über der Donau. Von dort erkunden seine Leute, wie und wann Graf Andreas von Scheer zum Bussen reitet, wo er »ein Metzlein« haben soll. Am Sonntag, dem 10. Mai 1511, stellt Graf Felix mit etlichen Berittenen seinen Beleidiger im Donauried bei Hundersingen. Der unbewaffnete Graf wird von einem Kaplan und drei Knechten begleitet. Alle Kugeln verfehlen ihr Ziel, danach wird der Sonnenberger mit Lanzen und Schwertern erstochen. Sein Leichnam wird nach Scheer überführt, wo der

Zwei altertümliche Tore führen in den Hof des Schlosses Scheer, das die Fürsten Thurn und Taxis 1967 an Privat verkauften.

Graf in der von ihm unter der Kirche Sankt Nikolaus erbauten Gruft beigesetzt wird. An der Nordseite des Chors erinnert bis heute ein Epitaph an ihn.

Graf Felix flieht nach Stuttgart und weiter an die Mosel. Er wird vor das Kammergericht Worms geladen, erscheint aber vermutlich nicht. Stattdessen verschickt er eine Verteidigungsschrift, in der er versichert, in Notwehr gehandelt zu haben. Der hin und her taktierende Graf Andreas hatte offensichtlich nicht viel Freunde bei den Österreichern, denn trotz Protesten der truchsessischen Familie stellt Kaiser

Maximilian sechs Jahre nach dem Mord dem Grafen Felix einen Freiheits- und Absolutionsbrief aus. Letzten Endes bleibt der gewaltsame Tod des Grafen Andreas ungesühnt, ja der Kaiser erhebt den Werdenberger 1516 zum Ritter im exklusiven Orden zum Goldenen Vlies. In der Nacht vom 11. auf den 12. Juli 1530 stirbt Graf Felix – wohl durch einen Blutsturz – als kaiserlicher Rat auf dem Reichstag zu Augsburg.

Es gibt ein meisterhaft gestaltetes Relief, das Nikolaus Weckmann zugeschrieben wird: links das Werdenberger Wappen, rechts kniet Graf Felix in Rüstung und mit Schwert, in der Mitte eine Pietà, Maria sitzt auf einer Art Thron und umfängt den Leichnam ihres gekreuzigten Sohns. Ursprünglich war diese angebliche »Sühnetafel«, die in der Unterschrift nur den Namen Felix Graf von Werdenberg und Heiligenberg und die Jahreszahl 1526 ausweist, im wieder aufgebauten Kloster Laiz angebracht. Erst nach dessen Aufhebung 1782 wurde es nach Sigmaringen transportiert und am Schloss über dem Eingang zwischen den runden Türmen angebracht.

Immer wieder gibt es Spannungen mit den Untertanen, in dem kaum tausend Einwohner zählenden Städtchen Scheer und in der Grafschaft, wobei es um Rechte geht, die verschieden ausgelegt werden, und um Abgaben. Auch die Einwohner der fünf österreichischen Donaustädte Mengen, Riedlingen, Munderkingen, Ehingen und Saulgau, die gleichfalls pfandweise den Waldburgern unterstehen, zeigen sich rebellisch und streben wieder die österreichische Herrschaft an. Im Jahr 1600 befiehlt der Kaiser dem Reichserbtruchsess – seit 1526 besitzen sie diesen Titel – Christoph von Waldburg-Scheer, seine herrische Haltung gegenüber seinen Untertanen zu ändern. Bis ins 18. Jahrhundert dauern die Rebellionen, bei denen stets die Regierungen in Innsbruck oder in Prag und Wien angerufen werden.

Im Dreißigjährigen Krieg ist 1638 in Scheer »kein lebendes Wesen« mehr zu finden. Die Kriegsleute haben die Kupferplatten von den Schlossdächern und die Dachrinnen der Kirche fortgenommen. Im September plündert die württembergische Soldateska auf dem Hohentwiel Schloss, Kirche und Stadt. Erst 1651 kehrt Reichserbtruchsess Wilhelm Heinrich, vormals Präsident des Reichskammergerichts in Speyer, in seinen demolierten Herrensitz zurück. Seine Nachfolger beginnen 1659 jenseits der Donau mit dem Bau einer neuen Residenz. Graf Maximilian Wunibald muss jedoch den »Neuen Bau« aus Geldmangel wieder aufgeben; später wird er zum herrschaftlichen Fruchtkasten umgewidmet.

Ein Inventar aus jener Zeit listet für das Scheerer Schloss unter anderem auf: das obere Kapellzimmer, Kammern, Rüstkammer, Galanteriezimmer, Küche und Küchenkammer, Schreibzimmer, Mägdekammer, kleines Stüblein, Tafelstube und Gesindestube. Die Kammern sind im Gegensatz zu den Stuben nicht heizbar. In der Barockzeit werden die Räume nur mit einfachen Stuckdecken ausgeschmückt. Zu weiterer Ausstattung im Geschmack der Zeit oder gar zu einer barocken Umgestaltung des Schlosses fehlt einfach das Geld.

Der Schlosstrakt in Scheer in Richtung ehemaliger Park; hinter dem Turm überspannt eine Holzbrücke den 25 Meter tiefen Graben und führt hinüber zum Karlsberg.

Der bereits genannte Graf Maximilian Wunibald füllt kein Ruhmesblatt in der Chronik der Waldburger. 1673 verhängt der Kaiser über seine Grafschaft die Sequestration, eine Zwangsverwaltung. Der gewalttätige Graf ist wegen seines lasterhaften Lebenswandels exkommuniziert und er scheut sich nicht – angesichts seiner ungeheuren Schulden – Kirchengeräte zu stehlen und zu versetzen. Im Februar 1679 wird Maximilian Wunibald Alleininhaber der Grafschaft Friedberg-Scheer, doch aufgrund von Berichten lässt ihn der Kaiser gefangen nehmen und nach

Überlingen und auf die Burg Hohenzollern bringen. Sieben Jahre danach schließt der Graf einen Vergleich mit seinen Untertanen und die Zwangsverwaltung wird aufgehoben. 1696 empören sich die Untertanen erneut und sperren den verhassten Grafen in seinem Schloss ein. Die Grafschaft kommt wieder unter kaiserliche Administration; bis zu seinem Tod im Jahr 1715 verwehren ihm die Österreicher jedwede Machtausübung.

Am 1. Oktober 1764 stirbt Graf Leopold August von Waldburg-Scheer im Alter von 36 Jahren, kaiserlicher

Der Graben zur Kirche hin wurde gefüllt und ein Kanzleibau mit Mansarddach errichtet.

Geheimer Rat und herzoglich württembergischer General. Damit endet die eberhardinische Linie des Hauses, Erben sind der Bruder Franz Karl, Fürstabt zu Chiemsee, und die Reichsgrafen der georginischen Linie in Zeil und Wolfegg. Sie prüfen die Einkünfte und stellen dem die Schulden gegenüber, und sie kommen zu dem Ergebnis, dass sich das Unternehmen Grafschaft Friedberg-Scheer nicht lohnt. So verkaufen sie 1785 diesen Besitz, genauer diese Pfandschaft, für die ungeheure Summe von 1 600 000 Gulden an Fürst Karl Anselm von Thurn und Taxis. Kaiser Joseph II. erhöht die Grafschaft in eine gefürstete Grafschaft und dadurch erhält der Reichspostmeister endlich Sitz und Stimme auf der Bank der Reichsfürsten im immerwährenden Reichstag in Regensburg.

Im Schloss Scheer amtieren nun Verwalter des Hauses Thurn und Taxis. 1828/29 ist auch Karl Mörike, der Bruder von Eduard, im fürstlichen Rentamt beschäftigt. Der Dichter hat ihn dort besucht und einige Zeit in Scheer gelebt. Der letzte Besuch eines Fürsten, der aus Regensburg anreist, datiert vom Jahr 1901. Nach dem Zweiten Weltkrieg, genauer 1967, verkaufen die Thurn und Taxis den altertümlichen Besitz, in dem mittlerweile Wohnungen eingerichtet sind, an einen Bürgerlichen. Dazu gehört auch die um 1735 geschaffene Brücke über den südlichen Graben hinüber zum Karlsberg, auf dem man noch die Überreste eines barocken Parks mit Lindenalleen und Gartenhäuschen ausmachen kann.

*A*uf dem Weg von Ostrach nach Wilhelmsdorf durchquert man Königseggwald und bemerkt in der Ortsmitte eine Verdichtung mit stattlichen Gebäuden. An der Straße das vom Jugendstil beeinflusste Rathaus, in der Nähe der ehemalige Spitalhof. Etwas zurückgesetzt die spätgotische Kirche Sankt Georg, 1486 bis 1490 erbaut, eine dreischiffige Staffelhalle mit dreiseitig geschlossenem Chor, alles überspannt mit einem sternförmigen Netzgewölbe. Der Turm mit romanischen Fundamenten ist später barockisiert worden. Auf der einen Seite ein einfacher dreigeschossiger Bau, das im frühen 18. Jahrhundert geschaffene einstige Franziskanerinnen-Kloster, danach Rent- und Forstamt. Auf der anderen Seite – und für die hohen Herrschaften der Reichsgrafen von Königsegg-Aulendorf ein Gang, der in die Herrschaftsempore führt – das lang gestreckte klassizistische Schloss,

Die dreigeschossige Schauseite von Schloss Königseggwald, ein früher Bau des Klassizismus

mit Wain einzigartig in Oberschwaben. Es liegt in einem weiten Park, der für die Öffentlichkeit verschlossen ist.

Die ursprünglich welfischen, später Reichsdienstmannen von Fronhofen wählten um 1250 die Burg Königsegg zu ihrem Hauptsitz. Nach dem Untergang der Staufer gelang es ihnen, um Königsegg und Aulendorf ein Territorium aufzubauen. Nach 1300 nannten sie sich nur noch Herren von Königsegg; 1311 verkauften ihnen die Grafen von Landau-Grüningen Burg und Herrschaft Königsegg, wohl auch die Herrschaft Wald, 70 Jahre danach konnten sie auch die Grafschaft Aulendorf erheiraten.

1494 werden die Königsegger von König Maximilian förmlich zu Freiherren erhoben, 1629 verleiht Kaiser Ferdinand II. Johann Wilhelm von Königsegg, kaiserlicher Rat und Präsident des Reichskammergerichts in Speyer, den Rang eines Reichsgrafen. Da die Einkünfte aus der eigenen Herrschaft zu gering sind, findet man seit der Mitte des 14. Jahrhunderts die Königsegger immer wieder im Dienst des Hauses Habsburg, als Militärs und als Landvögte in Schwaben mit Sitz in Altdorf-Weingarten, in der Reichskirche als Domherren oder – wie Graf Maximilian Friedrich – sogar als Erzbischof von Köln und als Bischof von Münster (1761–1784).

Schloss Königseggwald samt Kirchgang und die spätgotische Kirche Sankt Georg sowie das frühere Kloster der Franziskanerinnen (rechts im Bild).

Im Giebel über dem Mittelrisalit zweimal das Wappen der Königsegger und die Grafenkrone

Mitte des 18. Jahrhunderts steht Reichsgraf Carl Seyfried dem Hause Königsegg-Aulendorf vor, er ist kaiserlicher Landvogt in Schwaben. Er plant an der Stelle eines mittelalterlichen Vorgängerbaus einen Sommersitz zu schaffen und er hat zur Finanzierung des Vorhabens bereits eine ererbte Grafschaft in Ungarn verkauft. Der plötzliche Tod des 70-Jährigen verhindert dies, und sein Sohn Hermann Friedrich (1765–1786) übernimmt die Aufgabe. Die Pläne für den Neubau im modernsten Stil des Klassizismus liefert Pierre Michel d'Ixnard, 1723 in Nîmes geboren. Damals ist der avantgardistische Architekt, der eine neue Formensprache in den Süden des deutschen Reichs bringt, Baumeister der Fürsten von Hohenzollern-Hechingen. Sein Name ist vor allem mit Kirchenbauten verbunden, bei denen er in Längs- und Zentralbau andere Wege einschlägt: Hechingen, Buchau, wo eine Tante des Reichsgrafen als Reichsäbtissin residiert, Wurzach, Oberdischingen und der »Dom« in Sankt Blasien. Für die Grafen von Königsegg hat er seinen ersten Schlossbau in Süddeutschland errichtet, der ein bauliches Kleinod geworden ist.

Am 30. Mai 1765 wird der Ebisweiler Polier Oßwald Kögel vertraglich verpflichtet, das alte Schloss abzubrechen und das neue nach den Entwürfen von d'Ixnard aufzuführen. Der Architekt kommt erst ein Jahr danach zur Baustelle und begleitet dann sein Werk fast zehn Jahre lang bis zur Vollendung, ohne dauernd anwesend zu sein. Außer dem Polier, den Handwerkern und Taglöhnern müssen auch die Untertanen zum Werk beitragen, indem sie umfangreiche Hand- und Fuhrfronen – wortwörtlich: Dienste für den Herrn – leisten.

Pierre Michel d'Ixnard hat das einfache französische Landschloss vor Au-

Am Chor der Kirche Sankt Georg das Epitaph für Maria Clara Antonia von Schmidesfelden, gestorben 1735

gen, wandelt den Typus jedoch, deutscher Tradition entsprechend, durch ein repräsentatives Treppenhaus in der Mitte ab. Für den frühklassizistischen Grundriss kennzeichnend ist die ausschließliche Anordnung von Rechteckräumen. Der Baukörper ist zur Hofseite durch einen dreifenstrigen Mittelrisalit und je sieben Fenster daneben gegliedert, auch an den Schmalseiten zählt man sieben Fenster. Über dem Risalit ein niedriger Dreiecksgiebel, in dem man die Jahreszahl 1768 und das doppelte Rautenwappen der Königsegger erkennt, denn Reichsgraf Hermann Friedrich war mit Eleonore von Königsegg-Rothenfels verheiratet, einer Linie, die in Immenstadt in Bayerisch-Schwaben ihren Sitz hatte. Dieses Paar konnte übrigens 17 Kinder zur Taufe in die nahe Kirche tragen. Da das Gelände abfällt, ziehen sich auf der Gartenseite nicht drei, sondern vier Fensterreihen durch die Fassade, wobei das oberste Geschoss nur als Halbgeschoss ausgebildet ist. Auf der Parkseite springen schmale Eckrisalite vor, die durch eine hohe, eigenartige Säulenhalle verbunden sind. Über allem ein gewaltiges Walmdach mit zahlreichen Kaminen.

Hinter dem Mitteleingang dehnt sich eine Säulenhalle in Richtung Treppenaufgang, der auf engem Raum monumental ausgeführt ist und an das Haupttreppenhaus im Stuttgarter Neuen Schloss von Philippe de La Guêpière erinnert. Die Wände sind über hoher Sockelzone mit ionischen Pilastern gegliedert, die das festongeschmückte Gebälk tragen. In Rundbogennischen die Stuckfiguren von Apoll und Diana sowie Reliefs, die Putten

Zum Park hin zeigt Schloss Königseggwald seine klaren Formen und eine malerische Säulenhalle.

mit Werkzeug und Schlossplan zeigen. Im Vestibül in frühklassizistischen Formen Medaillonbildnisse, Jagdembleme und Reliefs mit Bezügen zu Wissenschaft, Kunst und Musik. Die privaten Salons sind noch mit herkömmlichem Rokokostuck ausgestattet, den vermutlich Willibald Ruez geschaffen hat und der im deutlichen Kontrast zu den klaren, rechtwinkligen Wand- und Deckenfeldern steht. Die Empireöfen hat wohl auch d'Ixnard entworfen.

Im Jahr 1880 wird das Schloss gründlich renoviert und eine hochmoderne Luftheizung eingebaut. Zugleich wird nach originalen Plänen des französischen Architekten der Schlossbau vollendet, indem vor dem Eingang ein Portikus entsteht und das Dachsims mit einem vasengekrönten Balustergeländer geschmückt wird, wie man das auch von Prager und Wiener Palaisbauten kennt. Zwei Jahre später zieht der Erbgraf Franz Xaver mit seiner Familie ein. 1935 wird dann das Aulendorfer Schloss aufgegeben und seitdem ist das ehemalige Sommerschloss Königseggwald der Hauptsitz der gräflichen Familie derer von Königsegg.

Wer sich von Norden her, etwa von Bad Schussenried aus, Aulendorf nähert, der fährt auf einmal bergab und schaut überrascht und erfreut auf einen Steinbau mit eigenartigem Reiz, der von Laubgehölz umrahmt ist. Man sieht zwei hohe schiefwinklige, mehrstöckige Bauten, in deren heller Front sich die Fensterreihen mit ihren dunk-

Hof des Aulendorfer Schlosses; an der Kante eines alten Trakts eine spätgotische Statue der Maria mit dem Jesuskind

len Läden abheben und die in spätgotischen Staffelgiebeln auslaufen. Der vorgesetzte runde Treppenturm dazwischen mit seinen umlaufenden Friesen und dem Kegeldach erreicht nicht die Giebelhöhe und wirkt sehr altertümlich. Rechts davon tritt die katholische Pfarrkirche Sankt Martin mit ihrem haubenüberwölbten Turm ins Bild, in deren Sebastianskapelle die Reichsgrafen von Königsegg-Aulendorf ihre Familiengruft haben.

Im Jahr 1381 erheirateten die Herren von Königsegg die Grafschaft Aulendorf und damit auch am nördlichen Rand des Dorfs an der steil abfallenden Hangkante zum Schussental und nahe einer Straßenkreuzung eine Burg. Das beschriebene Gebäude im Westen geht auf einen achteckigen Bau der romanischen Zeit zurück; im Erdgeschoss ist ein spätmittelalterlicher Raum, den ein Netzgewölbe überspannt, hervorzuheben. Im 14. Jahrhundert wurde der östliche Paralleltrakt aufgeführt, der mit dem älteren durch eine Wendeltreppe verbunden ist. Beide Bauten wurden dann nach Norden hin mit der imposanten Schauseite der spätgotischen Staffelgiebel abgeschlossen.

Schloss Aulendorf hat etwas Außergewöhnliches aufzuweisen: Es ist im Laufe der Jahrhunderte gewachsen und nach den jeweiligen Bedürfnissen ausgebaut worden, von der Romanik über die Gotik, vom Barock über den Klas-

Staffelgiebel zieren die ältesten Teile von Schloss Aulendorf, dahinter die barocke Erweiterung. Im Hintergrund, E-förmig, Wirtschaftsbauten und Wohnungen.

sizismus bis in die Jetztzeit. Hier wurde nicht abgerissen, sondern jeweils angefügt. So ist ein Komplex entstanden, der nicht rechtwinklig geordnet ist, der jedoch einen faszinierenden Rundgang durch die Baugeschichte von 1200 bis heute erlaubt. Man muss sich dabei aber führen lassen und sich selbst ein wenig bemühen in dem Nebeneinander von vielen Gebäuden, die sich vielkantig um einen Innenhof gruppieren.

Nach Osten vorgeschoben wird um 1500 an den spätgotischen Trakt ein weiterer Bau angeschlossen, der zugleich den Übergang von der Burg zum Schloss verdeutlicht. Nachdem die Freiherren von Königsegg 1629 in den Stand von Reichsgrafen erhoben sind, verlegen sie ihren Sitz von Königseggwald nach Aulendorf und

bauen dort nach dem Dreißigjährigen Krieg ihre Residenz standesgemäß aus. Von 1699 bis 1701 verlängert der Vorarlberger Baumeister Johann Beer den zuletzt genannten Trakt nach Süden »auff die iezige modi«, wie es 1700 im Rechnungsbuch heißt, und setzt an die Ecken kräftige Rundtürme, wie damals beim Schlossbau üblich. Vierzig Jahre später wird von Peter Bechter der Verbindungsbau bis zur Kirche errichtet, zugleich auch der schmälere Trakt nach Westen hin. Ende des 18. Jahrhunderts wird das so genannte Neubäule angereiht und durch eine Arkadenmauer mit der ehemaligen Burg verbunden. Damit ist der Innenhof ringsum umbaut und geschlossen.

Der stadtseitige barocke Flügel wird von 1778 bis 1781 nochmals überar-

Am Rundturm des barocken Schlosses vorbei sieht man den spätmittelalterlichen Bau mit Staffelgiebel und Storchennest.

ten die Wiener Architekten Armand Bauqué und Albert Pio die Straßenfassade in historistischen Formen um. Die beiden werden auch in den Innenräumen tätig und nicht nur durch den Einbau einer Dampfheizung.

Im Innern führt ein verhältnismäßig aufwändiges Treppenhaus in die Beletage. Säulen aus Sandstein fassen den Treppenaufgang ein. Die Treppe wird zunächst in einem Lauf geführt, vom Zwischenpodest erreicht sie zweiläufig das Obergeschoss. Trotz seiner geringen Abmessungen erhält das Treppenhaus durch diese Gestaltung Weite und Vornehmheit.

Die Zimmerflucht der Beletage im West- und Nordflügel weist an Türen, Fenstern, Fußböden, Vertäferungen und Öfen zahlreiche frühklassizistische Details auf. Im Tafel- und Musikzimmer haben Georg Dirr und Franz Xaver Gull die Supraporten-Reliefs und den Deckensaal geschaffen. In der Nordostecke imponiert der prächtige Marmorsaal, einer der schönsten klassizistischen Räume im Land. Feinheit und Vielgliedrigkeit dieses Saals weisen ihn als ein meisterhaftes Spätwerk von Georg Dirr aus. In den Ecken Medaillon-Reliefs der vier Jahreszeiten, in den Seitenmitten die vier Elemente. Zarte Deckenstrukturen und als Supraporten über den Türen Alabaster-Reliefs mit Figuren der antiken Mythologie.

Vor der Stadtfassade ist kein Platz für einen Ehrenhof, da eine wichtige Straße vorbeiführt. Alte Abbildungen belegen, dass bei festlichen Anlässen der Straßenraum für Dekorationen in Anspruch genommen wurde. Auf der anderen Straßenseite korrespondieren

beitet und repräsentativer als Palais hervorgehoben. Nach dem einzigartigen Schlossbau in Königseggwald beauftragen die Reichsgrafen von Königsegg-Aulendorf damit wieder den Architekten Pierre Michel d'Ixnard, der in der Formensprache der Frühklassik eine eindrucksvolle Palastfassade vorblendet: nur fünf Achsen breit, drei Geschosse in der Höhe und durch lange Lisenen gegliedert. Im flachen Mittelrisalit das Portal, groß genug für eine herrschaftliche Kutsche, darüber ein Balkon. Oben ist die Fassade waagrecht abgeschlossen; auf dem Dachgesims ein in Kupfer geformtes Wappen der Reichsgrafen. Im Jahr 1900 gestal-

Wohn- und Wirtschaftsgebäude, 1741 von Peter Bechter hochgezogen; um zwei Höfe in der Form eines großen E sind sie Schloss und Kirche gegenübergestellt. Die drei vorspringenden Stirnbauten werden wirkungsvoll gesteigert durch rundbogige Pilasterportale sowie Volutengiebel unter obeliskbekröntem Dreiecksabschluss.

Im Jahr 1806 verloren auch die Reichsgrafen von Königsegg-Aulendorf ihre souveräne Stellung als Landesherren direkt unter dem Kaiser. Einen Landstrich von gerade einmal drei Quadratkilometern und annähernd 3000 Untertanen nannten sie ihr Eigen. Jetzt unter einem der ihren zu stehen, der König von Württemberg geworden war, empfanden sie und alle anderen Standesgenossen als entehrend und entwürdigend. Sie waren daher nicht anwesend, als am 13. Oktober 1806 im Marmorsaal »mit Würde und Anstand« der Huldigungsakt für den neuen Herrscher vollzogen wurde. Ein Kommissär aus Stuttgart unterrichtete die versammelte Geistlichkeit und Beamtenschaft über ihre Pflichten und nahm das Handgelübde ab. Danach mussten alle Männer über sechzehn Jahre vor dem Schloss den Huldigungseid ablegen. Die Feier endete mit Hochamt, Glockengeläut und Böllerschüssen.

Zur Straße hin beeindruckt Schloss Aulendorf mit dieser frühklassizistischen Fassade samt Einfahrt und kupfernem Wappenschmuck.

Aus den Reichsgrafen waren nunmehr Grafen geworden, die ein Anrecht auf die Anrede »Erlaucht« hatten. Den Schikanen und Auflagen des Königs Friedrich – beispielsweise jährlich eine mehrmonatige Anwesenheit in der Residenzstadt Stuttgart – entledigten sie sich, indem sie in Wien und auf ihren Gütern in Ungarn wohnten, die sie einigen Eheschließungen mit ungarischen Gräfinnen verdankten. Die oberschwäbischen Liegenschaften ließen sie von einem Domänendirektor verwalten.

1935 verlässt die gräfliche Familie Schloss Aulendorf und zieht nach Königseggwald. War der Baukomplex mit seinen 160 Zimmern und 5700 Quadratmetern zu groß und im Unterhalt zu teuer geworden? Mitten im Zweiten Weltkrieg, 1941, kauft die Reichspost das Anwesen und nutzt es als Erholungsheim und als Sitz verschiedener Ämter. 1967 erwirbt der »Freundeskreis Bayern und Schwaben im Verein Burgen im Alpenland« für 200 000 Mark alles und will eine Begegnungsstätte für die Jugend im Schloss einrichten. In der Folge verschwinden wichtige Stücke der Inneneinrichtung; für den Unterhalt wird nichts getan. Zwölf Jahre später stirbt die Vereinsvorsitzende, und die Zukunft des Baukomplexes ist ungewiss. Der damalige Aulendorfer Bürgermeister Heinz Lang ermuntert seine Mitbürger, Mitglied im Verein zu werden. Als sie die Mehrheit haben, kann der Sitz des Vereins von München nach Aulendorf verlegt und dort 1987 der Beschluss gefasst werden, den Verein aufzulösen. Rechtsnachfolger ist das Land Baden-Württemberg.

Was nun tun? Seit 1972 ist das Aulendorfer Schloss als Baudenkmal von besonderer Bedeutung eingetragen. Aber der Verfall der leer stehenden Gebäude nimmt schlimme und auch äußerlich sichtbare Formen an. Die Dächer sind undicht und haben sich zum Teil schon verschoben, Risse in den Wänden und in den Decken zeigen sich, Stuckdecken müssen abgestützt werden und an den Außenwänden bröckelt der Putz ab. Die Keller stehen teilweise unter Wasser, und zu allem Überfluss breitet sich überall der Hausschwamm aus. Der Rechnungshof des Landes legt nahe, Teile abreißen zu lassen. Das Landratsamt Ravensburg lässt 1983 die Dächer flicken und die riesigen Schwammfladen bekämpfen. Es gibt ernsthafte Stimmen, die vorschlagen, das Schloss aus der Denkmalliste zu streichen.

Auf Betreiben des Tübinger Regierungspräsidenten Dr. Max Gögler gründet das Land 1989 eine Auffanggesellschaft Schloss Aulendorf, um die Substanz zu sichern und alles zu sanieren. Geschäftsführer wird Herbert Fecker, einst Chef der Hochbauverwaltung im Finanzministerium Baden-Württemberg. Diese gewaltige Aufgabe wird in den folgenden Jahren mit einem Aufwand von 31 Millionen Mark gemeistert, wobei man auch in einem neuen, Kosten sparenden Verfahren Balkenteile austauscht, ohne die hoch empfindlichen Stuckdecken zu beeinträchtigen. Auch bei der Beseitigung des gefährlichen Hausschwamms ist man ungewohnte Pfade gegangen.

Nach dem Abschluss der Restaurierungsarbeiten hat das Land 1997 das Aulendorfer Schloss wieder in die Obhut der Stadt gegeben, die es mit einer Schloss GmbH verwaltet. Im burgartigen Teil ist seither das Rathaus untergebracht, in dem Bauteil im Westen Ratssaal, Kurverwaltung und Stadtbibliothek. In diesem Zusammenhang sind die baulichen Zugaben der Jetztzeit zu erwähnen: ein Fahrstuhl hinter der Wendeltreppe und ein Anbau ans »Neubäule«, um Platz für einen Sitzungsraum des Gemeinderats zu gewinnen. Im Volksmund der »Fecker-Bau« genannt.

Der palaisartige Teil des Schlosses im Süden und Osten beherbergt seit 1997 eine Zweigstelle des Landesmuseums Württemberg in Stuttgart. In der Beletage wird Kunst des Klassizismus gezeigt; die elegante Atmosphäre der Räume harmoniert mit den klassizistischen Bildern, Möbeln und Skulpturen wie auch mit den Porträts der Grafen von Königsegg-Aulendorf. Im Erdgeschoss, in den ehemaligen gräflichen Bibliotheksräumen, sind die Bestände der Spielzeugsammlung zu sehen: vor allem Puppen und Puppenhäuser, erzgebirgisches Holzspielzeug sowie technische Lehrstücke und Eisenbahnen aus Blech.

Spielzeug aus Holz und aus Blech stellt das Landesmuseum Württemberg im Aulendorfer Schloss aus.

*I*n der Bilderbuchlandschaft des All-
gäus liegt an der württembergisch-
bayerischen Grenze die Gemeinde Achberg, die sich zu guten Teilen bereits
ins zehn Kilometer entfernte Lindau
am Bodensee orientiert. In exponierter
Spornlage erhebt sich das viergeschos-
sige Schloss Achberg samt hohem Gie-
beldach, ein monumentaler, wenn auch
nach außen schmuckloser Bau. Zusammen mit dem Amtshaus und der Ummauerung mit einem markanten Eckturm bildet der Herrschaftssitz eine
eindrucksvolle Baugruppe. Auf drei
Seiten fällt das Gelände steil ab, auf einer Seite fließt fast 70 Meter tiefer die
Argen in Richtung Bodensee.

Burg und Herrschaft Achberg werden 1194 erstmals erwähnt, rund
hundert Jahre später sind die Herren
von Achberg nicht mehr in der schrift-
lichen Überlieferung zu finden. In der
weiteren Geschichte wären viele Adelsfamilien der Gegend zu nennen. Ir-
gendwann im 16. Jahrhundert muss die
Burg zum heutigen Schloss umgebaut
worden sein. 1691 kauft Freiherr Franz
Benedikt von Baden für 64 000 Gulden
von den Sürgensteinern die Herrschaft
Achberg, die zum Ritterkanton Allgäu-
Hegau gehört. Er ist seit zwei Jahren
Landkomtur des Deutschen Ritterordens in Altshausen und steht der Ballei,
der Ordensprovinz, Elsass-Burgund
vor. In seinem Auftrag überformt der
baukundige Isnyer Benediktinerbru-

der Christoph Gessinger von 1693 bis
1701 das Schloss im Stil des Barock,
wovon sich vor allem der reichhaltige
weiße Deckenstuck erhalten hat.

Durch das äußere Tor, das vom Glockenturm flankiert wird, gelangt man
in einen kleinen Vorhof und staunt
über die hohe Front des Schlosses.
Das Hauptportal ist von Halbsäulen

gerahmt und von einer Wappentafel bekrönt. Darüber in einer Muschelnische Maria mit dem Jesuskind. Der Deutsche Orden ist – er besteht mit der Zentrale in Wien bis heute – der Jungfrau und Gottesgebärerin geweiht. Eine überbaute Auffahrt führt in eine Halle, sodass die Herrschaften mit der Kutsche ins Gebäude gelangen konnten. In westlicher Richtung die Küche, darunter der Keller.

Eine einfache zweiläufige Treppe verbindet die vier Stockwerke, in denen jeweils ein Mittelgang die Räume erschließt. Sie sind mit hellem Deckenstuck geschmückt, der teilweise biblische Motive zeigt. Entsprechend dem barocken Gestaltungswillen steigern sich die Kunstwerke in jeder Etage, um im dritten Obergeschoss ganz der selbstbewussten und prunkvollen Repräsentation zu dienen, den Rahmen für festliche Empfänge und Tafelrunden zu bilden. Im Mittelgang sind Medaillonwappen von Deutsch-Ordensrittern angebracht. Das erste von Osten her ist das des Freiherren von Baden mit einer Umschrift, die ihn festhält als

Auf einem Bergsporn steht Schloss Achberg samt dem Amtshaus und verbirgt die Fülle seiner überwältigenden stuckreichen Ausstattung.

Oben der Festsaal mit der unglaublich reichen Stuckdecke. Unten: Das Kreuz des Deutschen Ritterordens begleitet die Besucher nach draußen.

kaiserlichen Rat, als Landkomtur der Ballei Elsass-Burgund, als Komtur zu Altshausen sowie als Käufer der Herrschaft Achberg und »Auferbauer dieses Hauses anno 1700«.

Der überaus reich verzierte Festsaal in diesem Geschoss nimmt die ganze Breite des westlichen Teils ein und bietet den Höhepunkt der barocken Inszenierung. Es ist eine der detailfreudigsten Stuckdecken in Süddeutschland. Damit der aus Wangen im Allgäu stammende Stuckateur Balthasar Krimmer dieses formenreiche Relief gestalten konnte, mussten 30 Tonnen Stuck im Dachstuhl verankert werden. In der Mitte des Rechtecks das Deutschordenskreuz und der Hut eines Reichsfürsten darüber, ferner erkennt man zwei gleichschenklige Kreuze sowie vier Medaillons mit Blattranken. Ansonsten effektvolle Drapierungen mit Waffen und Trophäen wie Fahnen, Schwerter, Gewehre, Pistolen, Lanzen, Brustpanzer, Hellebarden, Armbrüsten, Kanonen sowie militärische Musikinstrumente. In den vier Ecken des Festsaals vier lebensgroße Schützen, die mit ihren Schusswaffen auf die Saalmitte zielen. Einer ist offensichtlich ein Osmane, wie man am Turban sowie an Pfeil und Bogen erkennt. Eine Allegorie der Türkenkriege.

Das Wappen in der Mitte der Stuckdecke ist das des Hoch- und Deutschmeisters des Deutschen Ordens Franz Ludwig von Pfalz-Neuburg, dem der Landkomtur von Baden unterstand. Nachdem das Ordensland in Preußen 1525 in ein weltliches Herzogtum umgewandelt worden war, wurden die im

Das Schlosstor in Achberg wird links flankiert von dem markanten Eckturm und rechts vom Amtshaus, dahinter die überraschend hohe Front des Kastenbaus.

Reich verbliebenen Besitzungen von der neuen Residenz Mergentheim aus verwaltet. Nach einer Phase der Konsolidierung wandte sich der Deutsche Orden im 17. und 18. Jahrhundert dem »Heidenkampf« gegen die ungläubigen Osmanen zu und unterstützte nachhaltig das österreichische Kaiserhaus bei der Abwehr der Türken, die 1683 Wien vergeblich belagert und in der Schlacht am Kahlenberg eine Nie-

derlage erlitten hatten. 1699 musste die Hohe Pforte im Frieden von Karlowitz den Verlust Ungarns akzeptieren. Hoch- und Deutschmeister Franz Ludwig von Pfalz-Neuburg hatte deshalb 1696 ein eigenes Regiment gegen die Türken aufgestellt, das Deutschmeister-Regiment. Das Bildprogramm der Achberger Decke bezieht sich in allem auf diese siegreichen Türkenkriege, auch wenn der Landkomtur von Baden

Barocker Schmuck rund ums Schlossportal:
Säulen, Löwen, Wappen und Marienfigur

verbringt er auf der Mainau und schon 1677 wird er Komtur, Vorsteher einer Kommende, einer Verwaltungseinheit, in Freiburg im Breisgau. Wegen seiner organisatorischen, ökonomischen und diplomatischen Fähigkeiten steigt er 1689 zum Landkomtur der Ballei auf und residiert in Altshausen. Da diese Grafschaft reichsunmittelbar ist, nennt er sich – sehr zum Verdruss der Oberen – einmal sogar Reichslandkomtur. Am 2. November 1707 stirbt der vornehme Herr Franz Benedikt von Baden im Alter von 64 Jahren im Schloss Achberg und wird in der Pfarrkirche von Siberatsweiler beigesetzt.

Im Jahr 1806 kommt die Herrschaft Achberg zum Fürstentum Hohenzollern-Sigmaringen, das hier ein Obervogteiamt einrichtet. Als 1850 die Souveränitätsrechte an die Vettern in Berlin übergehen, bildet Achberg den südlichsten Punkt Preußens, nahe dem Bodensee. 1856 bereist König Friedrich Wilhelm IV. seine neuen Lande, besteigt den Königsbühl beim Ort und ist von der Lage so entzückt, dass er sich hier ein Sommerschloss wünscht. Es ist beim Wunsch geblieben.

Schon vor der Gemeindereform wird Achberg 1969 dem Kreis Wangen zugeordnet, der drei Jahre später im neuen Kreis Ravensburg aufgeht. 1988 kauft dann der Landkreis auf Betreiben des Landrats Guntram Blaser das Schloss, dass das Fürstenhaus bereits sechs Jahre zuvor abgestoßen hat. Bis 1994 ist es dann restauriert und in seiner ursprünglichen Schönheit wieder hergestellt worden. Seitdem dient es für Ausstellungen und Veranstaltungen kultureller Art.

nicht persönlich auf dem Kriegsschauplatz dabei war.

Die Herren von Baden waren im 12. Jahrhundert Burgvögte der Zähringer in der Burg Baden, dem heutigen Badenweiler. Später zählte das Geschlecht zum landsässigen Adel in Vorderösterreich und besaß eine Herrschaft mit dem Dorf Liel als Mittelpunkt. 1830 ist dieses Freiherrengeschlecht erloschen. Freiherr Franz Benedikt von Baden wird wohl 1644 in Liel als zweiter Sohn geboren und mit 26 Jahren als Ordensritter in die Ballei Elsass-Burgund aufgenommen. Seine Lehrzeit

Auf einer leichten Anhöhe östlich des Orts Altshausen führt eine Allee am Schloss vorbei. Rechter Hand stattliche barocke Beamtenhäuser, heute teils Schulhäuser, teils in Privatbesitz. Zur Linken der großartige Torbau, durch dessen hohe Einfahrt man in einen weiten parkartigen Innenhof gelangt, den die Bauten wie ein großes U umstehen. Links das Schloss, im Winkel von 45 Grad stößt dann eine gotische Kirche ins Bild, rechts der Marstall, weiter entfernt zur Rechten die barocke Reithalle. Im Garten dahinter die Orangerie, gegenüber der Einfahrtsachse nach Osten verschoben. Auch wenn die Gebäude keine strenge Ordnung und Symmetrie aufweisen und wohl auch nicht aus einer Epoche entstammen, so empfindet man

Durch diesen barocken Torbau mit erhöhter Einfahrt und Glockenturm gelangt man in das Schlossareal.

Altshausen: das fast u-förmige Schloss, Pfarrkirche, Reithaus, Wirtschaftsgebäude und Torbau.

doch eine harmonische Geschlossenheit. Dazu passt die Großplastik der Schlossherrin Diane von Württemberg, geborene Prinzessin von Orléans und Braganza: »Die Geburt der Isis«.

Der Sitz des Hauses Württemberg, dem zurzeit Herzog Carl vorsteht, war mehr als fünf Jahrhunderte lang ein bedeutsames Kultur- und Verwaltungszentrum des Deutschen Ritterordens. Nachdem im 12. Jahrhundert die Grafen von Altshausen nach Veringen auf der Südalb übergesiedelt waren und sich fortan Grafen von Veringen nannten, kam zum Ende der Stauferzeit Heinrich von Bigenburg in den Besitz von Dorf und Burg Altshausen und schenkte sie 1264 den Deutschordens-Rittern mit dem schwarzen Kreuz auf den hellen Mänteln. In der Ordensprovinz, in der Ballei Elsass-Schwaben-Burgund, wurde Altshausen zur reichsten Kommende, und spätestens seit 1444 war der jeweilige Komtur zugleich auch Landkomtur der Ballei im Rang eines Reichsgrafen. Altshausen war bis 1805 Residenz einer wichtigen Figur auf dem Schachbrett der Reichsinteressen und der Reichspolitik, denn nach dem Verlust Preußens als Ordensland in der Reformation waren die meist in Süddeutschland gelegenen Balleien des Deutschen Ordens, dessen Deutsch- und Hochmeister nunmehr in Mergentheim saß, eng mit dem habsburgischen Kaiserhaus verbunden. Im Kampf gegen die heidnischen Türken hatten die christlichen Ordensritter eine neue militärische Aufgabe gefunden.

Im Jahr 1434 brennt die Burg Altshausen nieder. Auf ihren Mauerresten wird dann der Alte Bau – am weitesten im Innenhof platziert – errichtet, der im 16. Jahrhundert zwei Mal umgebaut und vergrößert wird: ein wuchtiger, viergeschossiger Kastenbau mit einem Krüppelwalmdach. Nach dem Dreißigjährigen Krieg genügt dieses »Schloss« nicht mehr den herrschaftlichen Ansprüchen und seit 1655 wird weiter westlich der Neue Bau hochgezogen und durch den Kapuzinertrakt mit dem Alten Bau verbunden.

Der Neue Bau ist seit 1919 das Wohnschloss der Herzöge von Württemberg, davor ist es die Residenz der Komture und Landkomture gewesen. Da das barocke Schloss nicht ausgeführt werden konnte, wurde dieser Teil nach dem Zeitgeschmack und entsprechend dem Repräsentationsbedürfnis ausgestattet. Das dreigeschossige Äußere ist durch schlichte Fensterbahnen, an den Ecken zum Hof durch vorspringende Treppenhäuser und nach Westen durch Eckrisalite aufgelockert. In den Räumen ließ Komtur Christian Moritz von Königsegg (1705–1778) italienische Maler und Stuckateure arbeiten. Das Rautenwappen der Königsegger ist im westlichen Treppenhaus im Rocaillestuck zu erkennen. Im südwestlichen Teil des ersten Obergeschosses der einstige Empfangssalon mit Stuckdekorationen von höchster Qualität mit kleinen Reliefs, die unter anderem Bildnisse, Schlösser, die vier

Der Eingang mit Königskrone und Hirschstangenwappen; Figuren von Diane von Württemberg

Jahreszeiten und eine Türkenschlacht darstellen. In der Mitte des Neubaus das Speisezimmer mit Marmorverkleidungen und Stuckdecke. Im anschließenden Roten Salon eine von Guiseppe Antonio Puzzi geformte Decke mit Springbrunnenmotiven und einem Rocailleornament, das sich aus Frauenköpfen entwickelt. Im zweiten Obergeschoss die eleganten ehemaligen Zimmer der Ordensritter mit gemalten Supraporten, mit Genreszenen und Chinoiserien, um 1750.

Damit ist beschrieben, wie man sich beschieden hat, indem man in vorhandenen Gebäuden die neue barocke Formensprache einer selbstbewussten

Epoche und einer machtbewussten oberen Stufe der Standesgesellschaft eingebracht hat. Es war jedoch anders vorgesehen, denn 1729 hatte der Landkomtur Franz Anton Ignaz Freiherr von Reinach den Baumeister Giovanni Gaspare Bagnato verpflichtet, eine seinem Rang gemäße Residenz zu schaffen. Der Entwurf ist nicht als Zeichnung, sondern als Intarsienbild überliefert, als filigrane Einlegearbeit in Holz. Wäre dieser Plan verwirklicht worden, dann hätten wir in Altshausen ein zweites Bruchsal oder gar ein Klein-Ludwigsburg.

Bagnatos Plan sah vor, dass die Einfahrt im Torbau die Längsachse vorgibt,

Blick auf die Orangerie im weitläufigen Schlossgarten von Altshausen

nach der alle Gebäude symmetrisch angeordnet sind. Erst die Ökonomiebauten beiderseits des Tores, dann ein Vorhof und eine höher gelegene Ehrenhofanlage, auf drei Seiten von einem Schlossbau umschlossen. Als seitliche Pendants waren rechts eine Reithalle und links eine barocke Schlosskirche gedacht, dahinter – wieder etwas höher – ein französischer Garten, in dem die Orangerie den Schlusspunkt setzt.

Und was ist davon umgesetzt worden? Wenn man so will der Rahmen mit Torbau, Wirtschaftsbauten, Marstall im Osten, Reithalle mit Theater und Orangerie. Zum gedachten Schloss ist kein Grundstein gelegt worden, stattdessen modernisierte man das historische Gemäuer im Innern. Und die Schlosskirche blieb stehen, wo sie steht, im Winkel zur Zentralachse. Mitte des 18. Jahrhunderts wurde die Pfeilerbasilika von Bagnato als Saalbau barockisiert, in dem Joseph Ignaz Appiani die Deckenmalereien geschaffen hat. Sie dient heute als Pfarrkirche. Auf dem Epitaph für einen Ordensritter ist zu lesen: »Ehrenfest, gerecht und treu, / Heiter, mild und fromm dabey, / Zeigt er ohne sonder Scheu, / Daß er teutscher Ritter sey!«

1729 und 1730 wird der Marstall mit seiner gewölbten Durchfahrt erstellt. Bemerkenswert sind die Stallungen mit ihren Stichkappen-Gewölben, die mit Stuck, Kartuschen und büstenbesetzten Medaillons geschmückt sind. Fresken zeigen Pferde, Helios mit dem Sonnenwagen und die Gründung des Deutschen Ordens in einem Zeltspital vor der Feste Akko im Heiligen Land. Alle Gebäude sind durch teils gemalte, teils erhabene Pilaster, Lisenen, Gesimse, Füllungen und Fensterrahmen profiliert, die in kräftigem Rot gehalten sind.

Danach wird zwischen den eingeschossigen Wirtschaftsgebäuden der glanzvolle hochbarocke Torbau von Bagnato in steiler Vertikalführung geschaffen. Über einem quadratischen Grundriss erhebt sich ein dreigeschossiger Bau mit Walmdach, Uhrenturm und eleganter Laternenkuppel. Die Durchfahrt ist an der Hof- und an der Straßenseite mit überhöhten Rundbogen versehen, eingefasst von geschwungenen Pilastern. Das Wappen zur Allee hin zeigt das Komturwappen des Freiherrn von Reinach mit Kriegsemblem. Die Durchfahrt überspannen drei Kuppeln, in den Fresken erkennt man die Genien und Fortuna mit Insignien und Auszeichnungen des Deutschen Ordens. Die Ökonomiegebäude zu beiden Seiten mit ihren kleinen Ausbauten haben zur Straße hin Wirtschaftshöfe, deren Ummauerung vor der Toreinfahrt mit schwungvollen Segmentbögen abschließt.

Die Reitschule entsteht 1733, ein lang gestreckter Rechteckbau mit Mittelrisalit und riesigen Rundbogenfenstern. Ehemals war im Erdgeschoss auch ein Theater untergebracht. 1774 errichtet Franz Anton Bagnato nach Bauplänen seines Vaters, der 1757 auf der Mainau gestorben ist, die Orangerie: ein breiter, zweigeschossiger Bau mit gebrochenem Walmdach und mit einem elliptisch vorspringenden Mittelrisalit, wie wir das auch bei der Solitude finden. Damit endet die barocke Bauphase in Altshausen.

In der Pfarrkirche Altshausen, die Sankt Michael geweiht ist, befindet sich diese Grablegung Christi.

Nach der Auflösung des Deutschen Ordens gelangte der Besitz zunächst an Bayern. König Friedrich tauschte das Schloss mit umfangreichen Gütern und Waldungen gegen die württembergische Herrschaft Weiltingen im Ries ein. Ein Hofkameralamt verwaltete fortan den privaten Besitz der württembergischen Königsfamilie in Oberschwaben, gelegentlich besuchte eine vornehme Jagdgesellschaft das Anwesen.

Seit 1919 ist das Schloss wieder dauernd bewohnt, nämlich von der jüngeren katholischen Linie des Hauses Württemberg. Der erste Schlossherr war Herzog Albrecht, ein Offizier, der sich im Ersten Weltkrieg als einer der fähigsten deutschen Heerführer an der Westfront hervorgetan hatte und mit dem Titel eines Generalfeldmarschalls ausgezeichnet worden war. Nachdem sein Onkel König Wilhelm II. auf den württembergischen Thron verzichtet hatte, konnte ihm sein designierter Nachfolger Herzog Albrecht nicht nachfolgen. Am 2. Oktober 1921 starb Herzog Wilhelm zu Württemberg, wie er sich nun nannte, im Schloss Bebenhausen. Damit gingen Altshausen und das Hofkammergut, also die privaten Besitzungen des letzten Königs, auf den Neffen über. Heute ist dessen Enkel, der im Land hochgeschätzte Herzog Carl, geboren am 1. August 1936 in Friedrichshafen, der Chef des Hauses Württemberg.

Im Westen des Stadtkerns erhebt sich auf einer Landzunge in der Nähe des Bodenseeufers ein Schloss, das eigentlich ein Klostergebäude ist – oder besser war. Die zwei Türme der Schlosskirche mit ihren Zwiebeldächern sind markante Zeichen in der Stadtsilhouette von Friedrichshafen.

Um 1080 gründet die Gräfin Bertha von Buchhorn in Hofen ein Benediktinerinnenkloster, das bald an das welfische Hauskloster Weingarten gelangt. Im Jahr 1419 lösen die Mönche das Frauenkloster auf, da es zu stark nach Selbstständigkeit strebt, aber als Priorat bleibt es weiterhin bestehen. Nach den Zerstörungen im Dreißigjährigen Krieg wird von dem Weingartener Abt Sebastian Hyller (1697–1730), der auf dem Martinsberg den barocken Neubau des Münsters vorangetrieben hat, auch das Priorat Hofen wieder aufgebaut und mit Benediktinern besetzt.

Zu Beginn des 19. Jahrhunderts werden die geistlichen Herrschaften der Reichsäbte und Fürstbischöfe aufgehoben. Weingarten und Hofen fallen letzten Endes an Württemberg, das zum 1. Januar 1806 zum Königreich von Napoleons Gnaden erhöht wird. Der frisch gebackene König Friedrich vereinigt die ehemalige kleine Reichsstadt Buchhorn und das Kloster Hofen zu Friedrichshafen, eine neue Stadt, die den Herrschernamen trägt. Zugleich lässt er die leer stehende Klausur

Um 1700 baut der Vorarlberger Christian Thumb das Kloster Hofen und schafft diese eindrucksvolle doppeltürmige Kirchenfront.

Im 19. Jahrhundert diente Schloss Friedrichshafen den württembergischen Königen als Sommerresidenz; hier die oft fotografierte Anlegestelle.

zu einem Schloss umgestalten, und er befiehlt durch ein Dekret vom 1. September 1812: »Wir haben uns bewogen gefunden, zu verordnen, daß die Schloßkirche zu Friedrichshafen zur Evangelischen Kirche bestimmt, für diesen Gottesdienst eingerichtet und zu diesen Ende ein beständiger evangelischer Vikarius angestellt werde.« Seitdem ist dieses Gotteshaus der Mittelpunkt der evangelischen Christen in Friedrichshafen.

Von 1697 bis 1701 baut Christian Thumb aus dem vorarlbergischen Bezau die barocke Klosteranlage, im Norden die Kirche und drei weitere Flügel mit jeweils drei Geschossen, im Ganzen ein blockhafter Komplex mit Volutengiebeln. Im Innern sind hofseitig die Gänge angeordnet, die in den beiden ersten Geschossen gewölbt sind. Im Ost- und Südflügel verbinden dreiläufige Treppenhäuser die Ebenen. Um 1705 arbeitet der Wessobrunner Stuckateur Franz Schmuzer im gesamten Anwesen. Im ehemaligen Refektorium bezeugen dies in plastischer Fülle Girlanden und Akanthusranken. Im Park fallen ein Gusseisenpavillon – um 1860 – und der in barocken Formen errichtete Aussichtspavillon – um 1870 von Joseph von Egle – auf.

Schloss und Park sind Privateigentum des Hauses Württemberg, die Schloss- und Pfarrkirche Sankt Andreas und Sankt Pantaleon gehört dem Land und ist zugänglich. Das Gotteshaus, ein Wandpfeilersaal des so genannten Vorarlberger Münsterschemas, schuf der bereits genannte Christian Thumb, der zuvor schon die frühbarocken Kirchen auf dem Schönenberg bei Ellwangen

Hier ist deutlich zu erkennen, dass Schloss Friedrichshafen eine »klösterliche« Vergangenheit hat.

und in Obermarchtal geformt hatte. Im Inneren des hohen Raumes zählen wir vier Joche im Langhaus und drei schmalere im Chor. Den Stuck gestalteten der Wessobrunner Johann Schmuzer und seine Söhne Franz und Joseph, original erhalten unter den Chorgalerien. Der raumhohe Hochaltar fußt auf einem Entwurf von Schmuzer, an den Seitenaltären war Johann Michael Feichtmayr wesentlich beteiligt. Es ist schon eine Besonderheit: evangelischer Gottesdienst in einem Triumphbau der Gegenreformation!

In der Bombennacht des 28. April 1944 wird Friedrichshafen schwer getroffen, auch Schloss und Schlosskirche. Der Dachstuhl über dem Kirchenschiff und der obere Teil des Südturms werden durch Feuer vernichtet. Da stiften nach dem Krieg die evangelischen Gemeinden im Kanton St. Gallen Schieferplatten, mit denen vor dem Winter 1947/48 der Kirchenraum geschützt und der Einsturz der Stuckgewölbe verhindert werden kann. 1950 erneuern Joseph Schnitzer und seine Söhne Sepp und Jakob – sie stammen aus Buching bei Füssen – die Stuckaturen, gestalten Vasen, Muscheln, Putten und Akanthusranken. So weit wie möglich wird der frühere Zustand wieder hergestellt und der Hochaltar restauriert. Am 1. Juli 1951 wird das Aufbauwerk mit einem feierlichen Gottesdienst abgeschlossen.

Die Herzöge von Württemberg waren die ersten Fürsten im deutschen Reich, die Staatsvermögen und Privateigentum konsequent trennten und zur Verwaltung ihrer persönlichen Besitzungen – Wald, Land, Weinberge, Liegenschaften und Schlösser – bereits 1649 die so genannte Kammerschreiberei einrichteten. Nach dem Ersten Weltkrieg und nach dem Ende der Monarchie war es deshalb in Württemberg leicht, Staats- und Privatbesitz zu trennen.

Im Jahr 1838 erwirbt König Wilhelm I. durch einen Tausch mit der Oberfinanzkammer das Schloss am Bodensee, das sich in Staatsbesitz befunden hat. Er lässt durch Giovanni Salucci das prachtvoll gelegene Anwesen zur Sommerresidenz umbauen. Die Könige von Württemberg weilen gerne am Bodensee und seit der Mitte des 19. Jahrhunderts können sie ja mit ihrem Gefolge im königlichen Sonderzug von Stuttgart über Ulm nach Friedrichshafen reisen.

Besonders König Karl (1864–1891) und Königin Olga verbringen oft die Sommermonate im Süden ihres Landes, und sie empfangen dabei hochgestellte Gäste. Nach dem Thronverzicht des letzten Königs Wilhelm II. bleibt das Schloss im Besitz des Hauses Württemberg.

In dem originalgetreu wieder aufgebauten Schloss hat die Hofkammer

Das reich mit Stuck verzierte Innere der Friedrichshafener Schlosskirche kommt völlig ohne Malereien aus.

mit verschiedenen Geschäftsbereichen ihren Sitz. Herkömmlich wohnt hier auch der älteste Sohn der herzoglichen Familie, während der Chef des Hauses in Altshausen »residiert«. Von ihrer Eheschließung 1960 bis zum Tod des Herzogs Philipp Albrecht im Jahr 1975 lebte hier der heutige Familienchef Herzog Carl mit seiner Gemahlin Herzogin Diane und den Kindern. Heute ist es Wohnsitz des ältesten Sohnes Herzog Friedrich und seiner Familie.

Tettnang – *protzig, aber unvergleichlich schön und heiter*

Besonders eindrücklich ist es, wenn man im oberen Schussental auf einem Bergsporn die helle Front des Neuen Schlosses Tettnang erblickt. Ein dreigeschossiger Bau mit schmalen Pavillontürmen an allen vier Kanten, die überraschend schräg gestellt sind und die das Ganze im Hang zu sichern scheinen. Ein machtbewusster Bau, der weit in die oberschwäbische Landschaft hinausstrahlt. Zwischen den Fenstern verlaufen senkrecht Kolossalpilaster, die auf der Talseite nur aufgemalt sind, während sie stadtseitig als Reliefs deutlich geformt sind. Sie enden in kraftvollen Kapitellen. Der blockhafte Baukörper auf fast quadratischem Grundriss wirkt nicht massig, eher beschwingt; er beansprucht aber als Herrschaftssitz eines regierenden Grafen des absolutistischen 18. Jahrhunderts Respekt und Aufmerksamkeit von jedem Untertanen und Reisenden. Dort oben wird gottgewollt befohlen, im Land alles gnädigst befolgt.

Aus der Ehe des Pfalzgrafen Hugo von Tübingen mit Elisabeth, Gräfin von Bregenz, entstammt Hugo II., der sich Anfang des 13. Jahrhunderts nach einer Burg in Rätien Graf von Montfort nennt. Die weitere Geschichte dieses Geschlechts ist eine stete Erbfolge und auffallend häufige Teilung des Besitzes unter Brüdern, eine Anhäufung von Schulden und eine Abfolge von Verkäufen an Österreich.

Seit 1260 ist Tettnang für mehr als fünf Jahrhunderte Sitz der Linie Montfort-Tettnang, die am längsten überdauert hat. Auf Betreiben dieser Grafen erhält Tettnang 1297 vom Kaiser Stadtrechte und später einen Wochenmarkt. Vor 1500 bauen die Montforter das aus mehreren Gebäuden bestehende Torschloss am östlichen Ausgang der inneren Stadt. Der Torturm wird 1464 an

die Stadtmauer mit ihrer spitzbogigen Toröffnung angefügt; 1560 kommen Eckerker und Staffelgiebel dazu.

Südöstlich der Altstadt und in achtbarem Abstand zum Neuen Schloss erhebt sich, 1667 von Michael Kuen für Graf Johann VIII. erbaut, das Alte Schloss, da im Dreißigjährigen Krieg die Burg an der Stelle des Neuen Schlosses zerstört worden ist: ein stattlicher dreigeschossiger Staffelgiebelbau mit tonnengewölbten Räumen im Erdgeschoss. 1904 ist das geräumige Anwesen zum Rathaus umgestaltet worden.

Das Neue Schloss in Tettnang liegt am westlichen Ende des Stadtrückens nahe der Geländekante. Linker Hand schließt sich der Schlossgarten an mit dem lang gestreckten Schießhaus. Vor dem Schloss ein Ehrenhof mit zwei früheren Wachhäusern, ursprünglich eingeschossig mit Arkaden und Mansarddächern. Ein Mittelrisalit mit einem dreifenstrigen Giebel schiebt auf drei Ebenen fünf Fenster nach vorne, daneben bis zu den Türmen je vier weitere Fenster, die durch hohe Risalite getrennt sind, die auch die Ecktürme betonen. Die Dächer der Türme sind als Mansarddächer aufgelockert, ebenso die Dächer in den Aufstockungen der vier Flügel in der Mitte.

Das Neue Schloss in Tettnang vom Park her: Der Vierflügelbau wird durch Fensterachsen, Kolossalpilaster und Ecktürme gegliedert.

Das Alte Schloss in Tettnang dient heute als Rathaus und zeigt unter der Uhr das Erbauungsjahr 1667.

Meßkirch, Heiligenberg, Wolfegg und Zeil.

Nach acht Jahren war der Rohbau beendet, bald darauf begann der Innenausbau. Da brennt 1753 das Schloss völlig aus, aber es erlischt nicht der Wille der Grafen, in einem barocken Neubau zu residieren. Jakob Emele heißt der neue Baumeister, der seit 1758 stärker barockisiert. Die Innenräume statten die besten Künstler des Bodenseeraumes ihrer Zeit aus: die Maler Franz Martin Kuen, Johann Josef Kauffmann und Andreas Brugger sowie die Stuckateure Joseph Anton Feichtmayr, Johann Georg Dirr, Andreas Moosbrugger und Johann Kaspar Gigl. Sie schaffen eine unglaubliche Fülle von Schmuckformen und Kunstwerken, die Schloss Tettnang zu einem Juwel des späten Barock, des Rokoko, erheben. Etwas vergleichbar Heiter-Schönes findet man in Oberschwaben kaum, zumindest nicht im weltlichen Bereich.

In den geräumigen Ecktreppenhäusern führen dreiläufige überwölbte Stiegen empor. Sie sind – wie auch der Gang im ersten Obergeschoss – mit herrlichen Rocaillen und Blattornamenten dekoriert, zum größten Teil von Feichtmayr in den Jahren 1758 bis 1760 aufgetragen. Der Stuck der hinteren Treppenhäuser ist schwerer und massiger, er stammt zeitgleich von Moosbrugger. Andreas Brugger hat in zwei Treppenhäusern die Kuppeln mit lebendigen Fresken ausgemalt; sie zeigen das Lob des Landlebens im Jahreslauf und den Preis der fürstlichen Jagd. In den Gängen des ersten Obergeschosses erkennt man Ölgemälde

Seit 1633 ragte an dieser Stelle die Brandruine der Tettnanger Burg auf, die die Grafen von Montfort als erste gebaut hatten. 60 Jahre nach dem Dreißigjährigen Krieg waren die Zeitläufte so, dass die Grafen an einen repräsentativen Neubau denken konnten. 1712 beauftragte Graf Anton III. damit den Isnyer Benediktinerbruder Christoph Gessinger, der später als Oberbaudirektor des Konstanzer Fürstbischofs das Neue Schloss in Meersburg errichtete. Dieser entwarf eine Vierflügelanlage, ein herrschaftliches Bauschema der Renaissance, das eigentlich schon überholt war. Vorgängerbauten sind

mit idealen Landschaften, um 1760 von Kauffmann geschaffen, unter der Mitwirkung seiner Tochter Angelika, die im Empfangs- und Tafelzimmer die letzten Grafen von Montfort porträtiert hat.

Die gräflichen Wohnräume sind im Nordostflügel, der der Stadt Tettnang zugekehrt ist. Hier sieht man Fayenceöfen und Mobiliar aus dem dritten Viertel des 18. Jahrhunderts. Im Audienzzimmer lebhafte Rocaillen mit musizierenden Putten und vergoldeten Chinoiserien. Im nördlichen Erker das Bildkabinett mit den Kaiserbildern von Maria Theresia und ihrem Gemahl

Franz von Lothringen, als deutscher Kaiser Franz I. Den prächtigen Stuck hier und in den folgenden Räumen haben Feichtmayr und Dirr gestaltet. Im Tafelzimmer teils vergoldeter Rocaillestuck mit Putten, Vögeln und Springbrunnen sowie ein ovales Deckengemälde von Kuen aus dem Jahr 1758.

Das grüne Kabinett im östlichen Erker ist durch flach aufgelegten Gitterwerkstuck mit Spiegelstücken auf grünem Hintergrund als Spiegelkabinett ausgestattet, ein Raum von erlesener Schönheit. Hinter dem Fürstenzimmer liegt das Vagantenkabinett, so benannt nach den von Brugger um 1770 gemal-

Bacchus auf der Tonne, einem kaschierten Ofen: Der Bacchussaal nimmt die ganze Flügelbreite ein.

indem ihn Jupiter unter die Gestirne setzt. Eine Allegorie auf den Herrscher, der für seine Untertanen sorgt. Der namengebende Bacchus sitzt als originelle Stuckfigur auf einem als Fass geformten Ofen; er hält einen Becher empor. Benachbart sind das Mohrenzimmer und das Holländische Kabinett. Die Schlosskapelle mit halbkreisförmiger Apsis und der Empore, die der Herrschaft vorbehalten war, dient seit 1854 als evangelische Kirche.

Dieses imposante Schloss und die ebenso elegante wie kostbare Ausstattung konnten sich die Montforter eigentlich nicht leisten. Immer wieder gab es Teilungen und Verkäufe, seit dem 16. Jahrhundert kämpften sie mit einer Schuldenlast. Zu Beginn des Tettnanger Schlossbaus besaßen sie ein Herrschaftsgebiet, das gerade noch aus drei Ämtern bestand: Tettnang, Argen und Schomburg.

29 Jahre nach Beginn des Baus belasteten die Grafen Schulden in Höhe von 448 800 Gulden und 111 456 Gulden rückständige Schulden. Zwei Jahre nach dem Brand des Schlosses gaben die Habsburger, die ein Vorkaufsrecht besaßen, einen Kredit von einer halben Million Gulden. Das war dringend nötig, denn durch den Wiederaufbau und die aufwändige Ausstattung hatte sich der unglaubliche Schuldenberg von über einer Million Gulden angehäuft. Am 14. August 1779 müssen daher der regierende Graf Franz Xaver und sein Bruder Anton, Generalleutnant des Schwäbischen Kreises, an Habsburg-Österreich verkaufen. Mit dem Tod des Grafen Anton IV. erlischt am 3. Dezember 1789 das Geschlecht der

Durch den Ehrenhof schreitet man in Tettnang zum Tor des Neuen Schlosses, das durch einen Mittelrisalit betont ist.

ten Jahrmarktstypen wie Quacksalber, Kesselflicker, Pastetenbäcker und Marketenderin.

Der Bacchussaal ist kostbar mit Stuckmarmor und Rotmarmorplatten ausgekleidet. Die ganzfigurigen Bildnisse der letzten Grafen von Montfort, dem kinderlosen Franz Xaver und seinem ledigen Bruder Anton IV. sowie ihrer Eltern, die vergoldeten Stuckfiguren und das Deckenfresko von Brugger um 1772 geben diesem Raum seine repräsentative Würde. Das Fresko stellt vier Taten des Herkules vor, jeweils einem der Elemente zugeordnet. Himmlischer Lohn wird dem Heros zuteil,

Montforter. In der Tettnanger Pfarrkirche hält ein klassizistisches Epitaph die Erinnerung daran wach: Ein gestürztes Wappen mit der Gerichtsfahne der Grafen versinnbildlicht das Ende dieser Herrscherfamilie.

Schon 1780 ziehen österreichische Beamte in das Schloss ein, 1810 folgt ein württembergischer Oberamtmann, später der Landrat des Kreises Tettnang, der 1972 im Bodenseekreis aufgegan-

gen ist. Die Folge war, dass die Räumlichkeiten immer mehr zu Büroräumen zerkleinert wurden. 1966 begann das Land mit einer grundlegenden Sanierung des Schlosses und mit einer Wiederherstellung im Innern, vor allem der Torhalle, der Gänge und der Treppenhäuser sowie der Beletage im Stadtflügel des ersten Obergeschosses, das seit 1979 als Museum der Öffentlichkeit zugänglich ist.

In der Beletage: Enfilade nennt man die Abfolge festlicher Räume und Raumöffnungen.

Schloss Montfort: *Halbinsel mit maurischem Bau*

Die Ortsmitte von Langenargen bietet mehrere Überraschungen, so etwa die lange Front des frühbarocken Spitalgebäudes und der Spitalkirche, der heutigen katholischen Pfarrkirche. Geht man durch einen kleinen Park in Richtung Bodensee, so erblickt man erstaunt auf einen zwcigeschossigen Baukörper, aus dem in der Mitte ein achteckiger Treppen- und Aussichtsturm herausragt: Schloss Montfort. Kein protziger, vielmehr ein harmonischer Bau, der jeden sofort in seinen Bann zieht, etwas Ungewöhnliches, das wie ein Märchenschloss wirkt.

Man schaut auf eine zweistöckige, streng symmetrische Fassade. Im Erdgeschoss der Haupteingang und je zwei hohe Fenster, darüber weitere fünf hohe Fenster, darüber jeweils Kreise mit Ornamenten. Die Grundzone ist breiter, wie sich an den Bauten rechts und links zeigt. Auf beiden Seiten des Mitteltrakts laufen schmale Ecktürmchen hoch und überragen das Flachdach mit ihrem zinnenbewehrten Abschluss. Weiter hinten erhebt sich in der Mitte ein schlanker Achteckturm mit acht Zinnentürmchen. Im Sockel erkennt man Molassesandstein, an der Fassade wechseln die verklinkerten Ziegelsteine farblich: Auf drei Reihen heller Steine folgt eine in rot oder ockerfarben. Die Zinnen und Zierformen sind aus Terrakotta: die Dach- und Terrassengesimse, die Bogenfriese, die Umrahmungen der

Türen und Fenster, die Flächenornamente und die Rosettenbänder. Eine scheinbar schwirrende Vielfalt der Formen und Farben vereinigt sich zu einer schmuckvollen Einheit.

Wann ist dieses Schloss wohl gebaut worden? Welchem Stil ist der Bau zuzuordnen? Die Überraschung schlägt in Fragen um. Hat hier wie beim Schloss Taxis bei Dischingen die englische Neugotik Pate gestanden? Dieser Stil schwingt hier nach, aber wie die kielbogigen Türen und Fenster und die Mauresenfüllungen der Pilaster beweisen, kommt hier noch ein weiteres Element hinzu. König Wilhelm I. von Württemberg kaufte im vorderen Orient nicht nur erlesene Araberpferde, er schickte auch Architekten dorthin, um Anregungen zu sammeln und diese in der Heimat in baulicher Gestalt umzusetzen. Das bekannteste Ergebnis ist die Wilhelma in Bad Cannstatt, ein nicht weniger schönes Beispiel im so genannten »maurischen Stil« bildet Schloss Montfort.

Abendstimmung am Bodensee: Das Schloss Montfort auf einer Halbinsel im See

Schloss Montfort in Langenargen: Auf einem Sandsteinsockel erhebt sich der zweigeschossige Bau.

Die Grafen von Montfort, die sich nach einer Burg in Rätien benennen und deren Namen deutsch ausgesprochen wird, können Ende des 13. Jahrhunderts das lang gestreckte Fischerdorf Langenargen erwerben. Nach 1450 versuchen sie, einen Teil des Dorfs als Stadt auszubauen und zum Handelsplatz am See zu machen, doch die Reichsstädte Lindau und Ravensburg verhindern dies. Bis ins späte 18. Jahrhundert hinein haben die Montforter Langenargen immer wieder als Sommerresidenz aufgesucht.

Dabei haben sie nicht nur in der Burg Argen gewohnt, die Graf Wilhelm III. um 1330 auf einem »Kiesbüchel« im See errichten lässt, auf einer ufernahen Insel. Im Dreißigjährigen Krieg ist die Burg zu einer bastionsartigen Feste ausgebaut worden, die später zerfallen und zu Beginn des 19. Jahrhunderts Ruine ist. Allerdings seit 1810 über einen Damm mit dem Festland verbunden.

Im Frühjahr 1842 ist Annette von Droste-Hülshoff hier gewesen. Am 14. Mai schreibt sie aus dem Alten Schloss in Meersburg an ihren Freund Levin Schücking: »Einige Tage später fuhren wir über Friedrichshafen nach Langenargen. Da hättest Du erst erfahren, was ein echt romantischer Punkt ist. Denk Dir den See wenigstens dreimal so breit wie bei Meersburg (...) und endlich den Hauptpunkt, die herrliche Ruine Montfort, auf einer Landzunge, die schönste, die ich je gesehen habe.«

Wieder einige Zeit danach unternimmt König Wilhelm I. von Württemberg von seiner Sommerresidenz Friedrichshafen einen Ausflug hierher

Die Dach- und Terrassengesimse am Schloss Montfort bestehen aus Terrakottaformen; in der Mitte ist das Wappen der Grafen von Montfort zu sehen.

und ist von der Ruine und ihrer Lage am Ende einer Halbinsel begeistert. Er kauft das Gelände aus seinem privaten Vermögen und beauftragt 1858 Gottlieb Pfeilsticker, Baurat des Oberamts Ravensburg, mit dem Entwurf einer Villa, der Villa Argena. Drei Jahre später ist Baubeginn. Nach dem Tod des Regenten im Jahr 1864 führt sein Sohn, König Karl, den Bau zu Ende und gibt ihm den Namen Schloss Montfort.

1873 erwirbt Prinzessin Luise von Preußen, eine Nichte von Kaiser Wilhelm I., das Anwesen und verbringt hier mit ihren Hofdamen und Kammerherren fast drei Jahrzehnte lang die Sommermonate. Danach wechseln die Besitzer: eine Arztfamilie, die Reichsbahn und dann ein Verein, der aus Langenargener Bürgern besteht. Im Zweiten Weltkrieg ist das Schloss für Zwecke der Rüstungsindustrie beschlagnahmt, dann von der französischen Besatzungsmacht. Im Jahr 1961 geht Schloss Montfort in den Besitz der Gemeinde Langenargen

über, die im Innern auch ihre Manieristen-Sammlung, zusammengetragen von Waldemar Grzimek, stolz zeigt.

Schon in den 1950er-Jahren wird das Gebäude im Erdgeschoss zum Café mit flachem Saal, auch Spiegelsaal genannt, umgebaut, wofür teilweise die alte Raumeinteilung aufgegeben werden muss. Oben im Mitteltrakt entsteht der Festsaal, in dem die weithin bekannten Langenargener Sommerkonzerte stattfinden. Heute dient das Schloss mit Café und Restaurant der gehobenen Gastronomie. Ist eine Märchenhochzeit im Märchenschloss gefällig?

Man kann sich denken, dass der Unterhalt dieses Gebäudes, das so unterschiedlichen Nutzungen unterworfen war und das am See auf allen Seiten Wind und Wetter ausgesetzt ist, nicht billig sein kann und Auflagen der Denkmalpflege unterliegt. Flachdächer, auch historische, sind immer problematisch und haben hier zu verheerenden Wasserschäden geführt. Die Fugen an den

Backsteinfassaden ergeben eine Länge, die sich zu Kilometern addiert. Nachdem das Bauwerk wieder trocken war, konnte man 1975 beginnen, innen zu renovieren und restaurieren.

Schloss Montfort ist für die Segler und Bootsfahrer am nördlichen Obersee eine unverwechselbare Landmarke. Von den Terrassen und vom Schlossturm aus, der gegen ein geringes Entgelt bestiegen werden kann, hat man einen herrlichen Rundblick über den See hin zu den Alpen mit dem Säntis sowie über das oberschwäbische Hügelland.

Schloss Montfort wirkt wie ein Märchenschloss aus einer anderen Welt.

88147 *Achberg,* Landkreis Ravensburg:
Das Schloss hat von Mitte April bis Mitte
Oktober freitags, samstags, sonntags
und an Feiertagen geöffnet. Angemeldete
Gruppen werden auch außerhalb der
regulären Öffnungszeiten eingelassen.
Schlossführungen an Sonn- und Feiertagen
um 14.30 Uhr. Führungen durch die
Ausstellung auf Anfrage.
Landratsamt Ravensburg,
Kultur- und Archivamt,
Telefon (07 51) 85-95 00 oder 85-95 10,
E-Mail: kul@landkreis-ravensburg.de,
Internet: www.landkreis-ravensburg.de

88361 *Altshausen,* Landkreis Ravensburg:
Der Schlosshof ist öffentlich zugänglich,
täglich von 8 bis 19 Uhr (bis zum Einbruch
der Dunkelheit). Die Schlossgebäude sind in
Privatbesitz und können nicht besichtigt
werden. Zur Schlosskirche und zum Heiligen
Grab gelangt man durch den Schlosshof.
Bürgermeisteramt Altshausen, Hindenburg-
straße 3, 88361 Altshausen,
Telefon (07 584) 92 06-0,
E-Mail: info@altshausen.de,
Internet: www.altshausen.de

88326 *Aulendorf,* Landkreis Ravensburg:
Öffnungszeiten: Mi–Fr 13–17 Uhr,
Sa 10–19 Uhr, So und Feiertag 10–17 Uhr,
Führungen (bis max. 30 Personen) auf
Anmeldung, auf Anfrage auch
an Ruhetagen möglich.
Schlossmuseum, Hauptstraße 35,
88626 Aulendorf,
Telefon (07 525) 93-42 03,
E-Mail: info@aulendorf.de,
Internet: www.schloss-museum.de

88410 *Bad Wurzach,* Landkreis Ravensburg:
Das Barocktreppenhaus des
Bad Wurzacher Schlosses ist täglich von
8 bis 12 und 14 bis 18 Uhr geöffnet.
Stadtverwaltung, Marktstraße 16,
88410 Bad Wurzach,
Telefon (07 564) 3 02-0,
E-Mail: info@bad-wurzach.de,
Internet: www.bad-wurzach.de

89155 *Erbach,* Alb-Donau-Kreis:
Teile des in Privatbesitz befindlichen
Schlosses sind der Öffentlichkeit als Museum
zugänglich. Der Schlosshof mit seinen
riesigen Kastanienbäumen bildet eine
beeindruckende Kulisse für Konzerte,
Serenaden, Märkte und Ausstellungen. Seit
1996 ist im Gewölbekeller auf der Nordseite
ein Theater- und Gastronomiebereich
eingerichtet. Dem Publikum wird ein
attraktives Kleinkunstprogramm geboten.
Bürgermeisteramt, Erlenbachstraße 50,
89155 Erbach,
Telefon (07 305) 96 76-0,
E-Mail: info@erbach-donau.de,
Internet: www.erbach-donau.de

88045 *Friedrichshafen,* Bodenseekreis:
Das Schloss ist in Privatbesitz, eine Innenbe-
sichtigung nicht möglich. Die Schlosskirche
kann von Mitte April bis Oktober von
9–18 Uhr besichtigt werden (ausgenommen
Mi ab 14.30 Uhr, Fr vormittags bis 11 Uhr,
So vormittags und während Trauungen).
Führungen sind möglich.
Evangelische Schlosskirchen-Gemeinde,
Scheffelstraße 56, 88045 Friedrichshafen,
Telefon (07 541) 2 13 08,
E-Mail: schloss-fn@evkirche-rv.de

88499 Riedlingen-*Grüningen,*
Landkreis Biberach:
Ein Spaziergang ums Schloss herum
ist sehr zu empfehlen.
Das Schloss kann für Veranstaltungen
gemietet werden: Barbara Freifrau von
Hornstein, Schloss Grüningen,
88499 Riedlingen,
Telefon (07371) 9 66 31 78,
E-Mail: Barbara@schlossgrueningen.de,
Internet: www.schlossgrueningen.de

88353 *Kißlegg,* Landkreis Ravensburg:
Seit Mai 2005 bildet die Sammlung Rudolf
Wachter einen wesentlichen Schwerpunkt der
Kunstpräsentation im Museum *Neues Schloss*
in Kißlegg. Öffnungszeiten: vom ersten
Sonntag im April bis zum letzten Sonntag im
Oktober, Di, Do, Fr 14–17 Uhr, Sa 13–17
Uhr, So und an Feiertagen 11–17 Uhr,
montags und mittwochs geschlossen. Die
örtliche Heimatstube, ebenfalls im Neuen
Schloss, hat von Mitte April bis Mitte
Oktober sonntags von 14–16 Uhr geöffnet.
Das *Alte Schloss* ist in Privatbesitz und kann
nicht besichtigt werden.
Gäste- und Bürgerbüro, Neues Schloss,
88353 Kißlegg,
Telefon (07563) 9 36-0,
E-Mail: gemeinde@kisslegg.de,
Internet: www.kisslegg.de

88376 *Königseggwald,*
Landkreis Ravensburg:
Schloss und Schlosspark sind in Privatbesitz
und können nicht besichtigt werden.

88085 Langenargen, Bodenseekreis:
Schloss Montfort: Turmbesteigung täglich
von April bis Oktober 10–12 Uhr und 13 bis
17 Uhr. Im Schloss selbst ist ein Café-Restau-
rant untergebracht. Adresse: Schloss Montfort,
Untere Seestraße 5, 88085 Langenargen.
Tourist-Information, Obere Seestraße 2/1 (an
der Schiffslandestelle), 88085 Langenargen,
Telefon (07543) 93 30-92,
E-Mail: tourist-information@langenargen.de,
Internet: www.langenargen.de

88471 *Laupheim,* Landkreis Ravensburg:
Im *Schloss Großlaupheim* befindet sich das
»Museum zur Geschichte von Christen und
Juden«. Öffnungszeiten: Samstag 14–17 Uhr,
Sonn- und Feiertage 13–17 Uhr.
Nach Voranmeldung auch außerhalb der
genannten Zeiten.
Museum Schloss Großlaupheim,
Claus-Graf-Stauffenberg-Straße 15,
88471 Laupheim,
Telefon (07392) 9 68 00-0,
E-Mail: museum@laupheim.de,
Internet: www.schloss-grosslaupheim.de/
museum.html
Schloss Kleinlaupheim ist ein reiner
Verwaltungsbau. Im barocken Treppenhaus
findet sich jedoch die an das Polizeirevier
angegliederte »Wache Galerie«, die täglich
von 6–22 Uhr geöffnet hat.
Polizeirevier Laupheim, Frau Ruepp,
Biberacher Straße 22, 88471 Laupheim,
Telefon (07392) 96 30-0,
E-Mail: rueppmar@pdbc.bwl.de

88441 *Mittelbiberach,* Landkreis Biberach:
Das Schloss ist in Privatbesitz und kann nicht
besichtigt werden. Ein Spaziergang ums
Schlossareal lohnt sich jedoch allemal.

89584 Ehingen-Kirchen, Alb-Donau-Kreis:
Im *Schloss Mochental* haben die Galerie
Schrade und ein kleines Besenmuseum ihre
Zelte aufgeschlagen. Öffnungszeiten:
Di bis Sa 13–17 Uhr, an Sonn- und
Feiertagen 11–17 Uhr.
Schloss Mochental,
Telefon (07375) 4 18,
E-Mail: galerie.schrade@t-online.de,
Internet: www.schloss-mochental.de

88499 Riedlingen-*Neufra,*
Landkreis Biberach:
Der Garten des Neufraer Schlosses ist von
Ostern bis Ende Oktober täglich, außer
Montag, von 10.30–18 Uhr und nach
Vereinbarung zugänglich. Für Gruppen und
Führungen braucht's eine Voranmeldung.
Restaurant-Weinstube »Turm und Garten-
schenke«, Waltraud Johannsen,
Schlossberg 12, 88499 Riedlingen-Neufra,
Telefon (0 73 71) 57 00,
E-Mail: haengegarten@t-online.de,
Internet: www.haengegarten.de

89610 *Oberdischingen,* Alb-Donau-Kreis:
Das Schloss selbst existiert zwar nicht mehr,
die erhaltenen, zu Schloss und Residenz
gehörenden Bauten jedoch sind alleine schon
einen Besuch wert. Gemeindeverwaltung
Oberdischingen, Am Schlossplatz 9,
89610 Oberdischingen,
Telefon (0 73 05) 93 11 30,
E-Mail: info@oberdischingen.de,
Internet: www.oberdischingen.de

72516 *Scheer,* Landkreis Sigmaringen:
Ausgewählte Führungen im Schloss
sind möglich.
Stadtverwaltung Scheer, Hauptstraße 1,
72516 Scheer,
Telefon (0 75 72) 7 61 60,
E-Mail: info@scheer-online.de,
Internet: www.stadtscheer.de

72488 *Sigmaringen,* Landkreis Sigmaringen:
Das Schloss ist zu besichtigen und es gibt den
ganzen Tag über Schlossführungen.
Öffnungszeiten: März bis April
9.30 –16.30 Uhr, Mai bis Oktober 9–17 Uhr,
November bis Februar 10–15.30 Uhr.
Geschlossen: Fastnachtsdienstag, 24., 25. und
31. 12. sowie an Neujahr. Themen- und
Sonderführungen sind nach Vereinbarung
für Gruppen zu buchen.
Schloss Sigmaringen, Karl-Anton-Platz 8,
72488 Sigmaringen,
Telefon (0 75 71) 7 29-0,
E-Mail: schloss@hohenzollern.com,
Internet: www.hohenzollern.com

88069 *Tettnang,* Bodenseekreis:
Die Treppenhäuser und Korridore sowie der
Schlosshof sind tagsüber frei zugänglich. Füh-
rungen im Schlossmuseum: April und
Oktober täglich 14.30 Uhr, Mai bis
September täglich 14.30 und 16 Uhr, im Juli
und August zusätzlich auch Mi, Do und
Fr 10.30 Uhr. Offene Museumssonntage im
August. Führungen für Gruppen ganzjährig
nach Voranmeldung.
Tourist- und Informationsbüro, Neues
Schloss, Montfortplatz 41, 88069 Tettnang,
Telefon (0 75 42) 95 25 55,
E-Mail: tourist-info@tettnang.de.
Auskunft über Schloss Tettnang erteilt auch
die Abteilung für Vermögen und Bau Baden-
Württemberg, Amt Ulm, Staatliche Schlösser
und Gärten unter der
Telefonnummer (07 31) 5 02 89 75.

88444 *Ummendorf,* Landkreis Biberach:
Das Schloss wird heute von der Gemeinde
und der Fachhochschule Biberach für
Vorträge, Ausstellungen, Konzerte und
andere kulturelle Veranstaltungen genutzt.
Gemeindeverwaltung Ummendorf,
Biberacher Straße 9, 88444 Ummendorf,
Telefon (0 73 51) 34 77-0,
E-Mail: info@ummendorf.de,
Internet: www.ummendorf.de

89617 **Untermarchtal,** Alb-Donau-Kreis:
Das Schloss dient heute als Gästehaus des
Klosters. In der Hauskapelle Sankt Agnes
trifft sich der Mutterhauskonvent jeden Tag
zum Gebet.
Mutterhaus der Barmherzigen Schwestern
vom heiligen Vinzenz von Paul, Margarita-
Linder-Straße 8, 89617 Untermarchtal,
Telefon (073 93) 30-0,
E-Mail: kontakt@untermarchtal.de,
Internet: www.untermarchtal.de

88489 **Wain,** Landkreis Biberach:
Das Schloss ist in Privatbesitz und für
Besucher nicht zugänglich.

88289 **Waldburg,** Landkreis Ravensburg:
Öffnungszeiten der Waldburg: Anfang April
bis Ende Oktober, täglich außer montags,
von 10–17 Uhr. Bei Mondscheinöffnungen
zusätzlich von 20–23 Uhr. Führungen:
Sa und So 13 und 15 Uhr.
Bürgermeisteramt Waldburg, Gästeamt,
Hauptstraße 20, 88289 Waldburg,
Telefon (075 29) 97 17-11,
E-mail: info@gemeinde-waldburg.de,
Internet: www.gemeinde-waldburg.de

88447 **Warthausen,** Landkreis Biberach:
Es gibt Führungen durch die Schlossräume
der Barockzeit mit Mobiliar, Porzellan-
kabinett, Bibliothek, Musenhof Graf von
Stadion und Waffenkammer.
Öffnungszeiten: Mai bis Oktober nach
telefonischer Vereinbarung.
Schlossmuseum Warthausen,
88447 Warthausen,
Telefon (073 51) 1 45 03,
E-Mail: ulm-warthausen@web.de,
Internet: www.warthausen.de

88515 Langenenslingen-**Wilflingen,**
Landkreis Biberach:
Führungen im Schloss sind nach
vorheriger Anmeldung möglich.
Franz Schenk Freiherr von Stauffenberg,
Schloss Wilflingen, 88515 Wilflingen,
Telefon (073 76) 3 81,
E-Mail: info@schloss-wilflingen.de,
Internet: www.schloss-wilflingen.de
Das **Jünger-Haus** im Stauffenberg'schen
Forsthaus hat Di bis Fr von 9–11 Uhr,
am Freitag auch von 14–16 Uhr geöffnet.
Außerhalb der Öffnungszeiten nach
Vereinbarung.
Jünger-Haus, Stauffenbergstraße 11,
88515 Wilflingen,
Telefon (073 76) 13 33,
E-Mail: info@juenger-haus.de,
Internet: www.juenger-haus.de

88364 **Wolfegg,** Landkreis Ravensburg:
Das Schloss ist in Privatbesitz, eine
teilweise Besichtigung ist nur während
der Konzerte möglich.
Wolfegg Information, Rötenbacher Straße 13,
88364 Wolfegg,
Telefon (075 27) 96 01 51,
E-Mail: wolfegg.info@wolfegg.de,
Internet: www.wolfegg.de

88299 Leutkirch-Reichenhofen, Landkreis
Ravensburg:
Schloss Zeil selbst ist nicht zu besichtigen, die
Parkanlagen und die Aussichtsterrasse sind
jedoch öffentlich zugänglich.
Touristinfo Leutkirch, Marktstraße 32,
88299 Leutkirch im Allgäu,
Telefon (075 61) 87-1 54,
E-Mail: touristinfo@leutkirch.de,
Internet: www.leutkirch.de

Schlösser in Oberschwaben

ZWIEFALTER AL
Mochental

Unte

Grüningen

Riedlingen

Wilflingen

Neufra

Donau

Sigmaringen

Scheer

Mengen

Bad Saulg

AL

Königseggwald

Altshauser

Pfullendorf

LINZGAU

Weing

Überlingen

Überlinger See

Meersburg

Friedrichshafen

Tettn

Konstanz

Bodensee

La

0   10 km   25 km